DOKÉO

Comprendre le monde

Les grands enjeux de demain

Direction éditoriale Céline Charvet
Direction artistique Jean-François Saada, Françoise Maurel
Conception graphique Françoise Maurel
Édition Jean-Christophe Fournier, avec Céline Chopin
Maquette Maryse Guittet, Romain Hisquin, Pauline Martin, Françoise Maurel, Albane Rouget
Correction Anne Bleuzen
Recherche iconographique Laurence Vacher
Fabrication Céline Premel-Cabic
Photogravure Fap

Nos remerciements à Cécile Rouquette et Sarah Bruey pour leur aide précieuse.
Odile Gandon tient à remercier Hélène Nivault pour ses conseils avisés sur les questions économiques.

Ce livre a été soutenu par Gaz de France.
Gaz de France œuvre chaque jour pour un développement durable en proposant des solutions innovantes,
économes en énergies, en couplage avec les énergies renouvelables et qui permettent une utilisation raisonnée de l'énergie.
Par ses actions, et en s'appuyant sur les qualités environnementales du gaz naturel,
le Groupe entend être un acteur majeur dans la lutte contre l'effet de serre et l'épuisement des ressources.

Gaz de France

DOKÉO

Comprendre le monde

Les grands enjeux de demain

Textes d'**Odile Gandon**

illustrés par **Buster Bone** (illustrations réalistes),
Stéphane Kiehl (infographies et pictogrammes)
et **Pascal Lemaître** (dessins d'humour)

Nathan

Sommaire

Enjeux économiques

4/ Bâtir un monde plus juste

Enjeux écologiques

5/ Sauvegarder la planète

Enjeux culturels

6/ Affirmer la diversité culturelle

Pour bien lire ton Dokéo

Ce livre comporte **six parties :** la première présente un état du monde d'aujourd'hui, les autres sont consacrées aux grands enjeux de demain.

Chaque partie a sa **couleur** et son **pictogramme.** Sur chaque double page, les onglets reprennent le surtitre de la partie et mettent en avant le **mot-clé** du chapitre.

Les mots qui sont indiqués ainsi dans le texte, ***altermondialiste,*** sont expliqués dans le **dico de l'info**, sous le rabat de couverture.

Enfin, les pictogrammes 🔑 ou 🔍 renvoient régulièrement à une double page clé ou à un zoom :

La **double page clé,** sur fond couleur, traite un sujet sous forme d'infographie.

Le **zoom,** sur fond noir, développe un sujet en une demi-page ou une page.

Tu trouveras aussi les **rubriques suivantes :**

- Info +
- Question d'enfant
- Chiffres
- Dates
- Portrait
- Citation
- Vocabulaire
- Agir pour / contre

Dictature

Mondialisation

1.

Développement

Nouvel ordre mondial

Vivre au XXIe siècle

Population

Progrès technique

Délocalisations

Six milliards d'êtres humains peuplent la Terre, dix fois plus qu'il y a trois siècles. À l'intérieur de chaque pays, et entre les pays, on a établi **des règles de vie commune,** mais elles ne sont pas toujours respectées. Les moyens de communication, de plus en plus perfectionnés, ont modifié **les échanges** entre les hommes, qui se font de plus en plus vite et d'un bout à l'autre de la planète. Certes, **le progrès** scientifique et technique devrait permettre de vivre mieux, mais il n'est pas sans **risques pour la planète.** Par ailleurs, **les injustices et les conflits** sont loin d'avoir disparu.

La population mondiale

Un milliard d'êtres humains en 1804, 6 milliards deux siècles plus tard… Si la population mondiale continuait à progresser à ce rythme, nous serions presque 50 milliards dans 100 ans. Heureusement, cette croissance commence à ralentir !

question d'enfant

COMBIEN SERONS-NOUS DANS UN SIÈCLE ?

Selon les démographes (VOIR P. 11), la population mondiale pourrait s'élever à 10 milliards d'hommes en 2100. À condition que l'on contrôle les naissances dans le monde entier pour qu'il n'y ait pas plus de deux enfants en moyenne par famille (c'est l'hypothèse la plus probable). Avec une moyenne de 1,5 enfant par famille, la population diminuerait et nous ne serions plus que 5,5 milliards en 2100. Avec une moyenne de 2,5 enfants par famille, nous serions 17 milliards en 2100 !

Une répartition inégale

Nous sommes plus de 6 milliards d'hommes. La population est répartie de manière très inégale sur la planète (VOIR CARTE CI-CONTRE). Les régions polaires, les zones de forêt tropicale ou équatoriale et les déserts sont très peu peuplés, car les conditions naturelles (froid, chaleur, manque d'eau ou climat trop humide) n'y sont pas propices à la vie humaine. En revanche, l'Asie du Sud et de l'Est est très densément peuplée. Elle abrite un habitant de la planète sur deux !

La croissance de la population mondiale

La population augmente quand il y a plus de naissances que de décès. On a peu d'informations sur le nombre d'habitants de la planète avant le XVIIe siècle, où nous étions environ 500 millions. Pour arriver aux 6 milliards d'aujourd'hui, la progression n'a pas été régulière.

Jusqu'au XIXe siècle, les gens faisaient beaucoup d'enfants, mais ces enfants mouraient souvent jeunes (et même à la naissance), un grand nombre de femmes mouraient en accouchant et peu de gens vivaient au-delà de 50 ans : l'hygiène était insuffisante et la médecine très peu efficace. Les famines, les épidémies (peste, choléra…) et les guerres ravageaient les populations. Ainsi s'équilibraient les naissances et les décès.

Il y a presque autant d'hommes (49,6 %) que de femmes (50,4 %).

3 humains sur 10 *ont moins de 15 ans, 1 sur 10 a plus de 60 ans.*

Chaque minute, *on compte 240 naissances et 120 décès.*

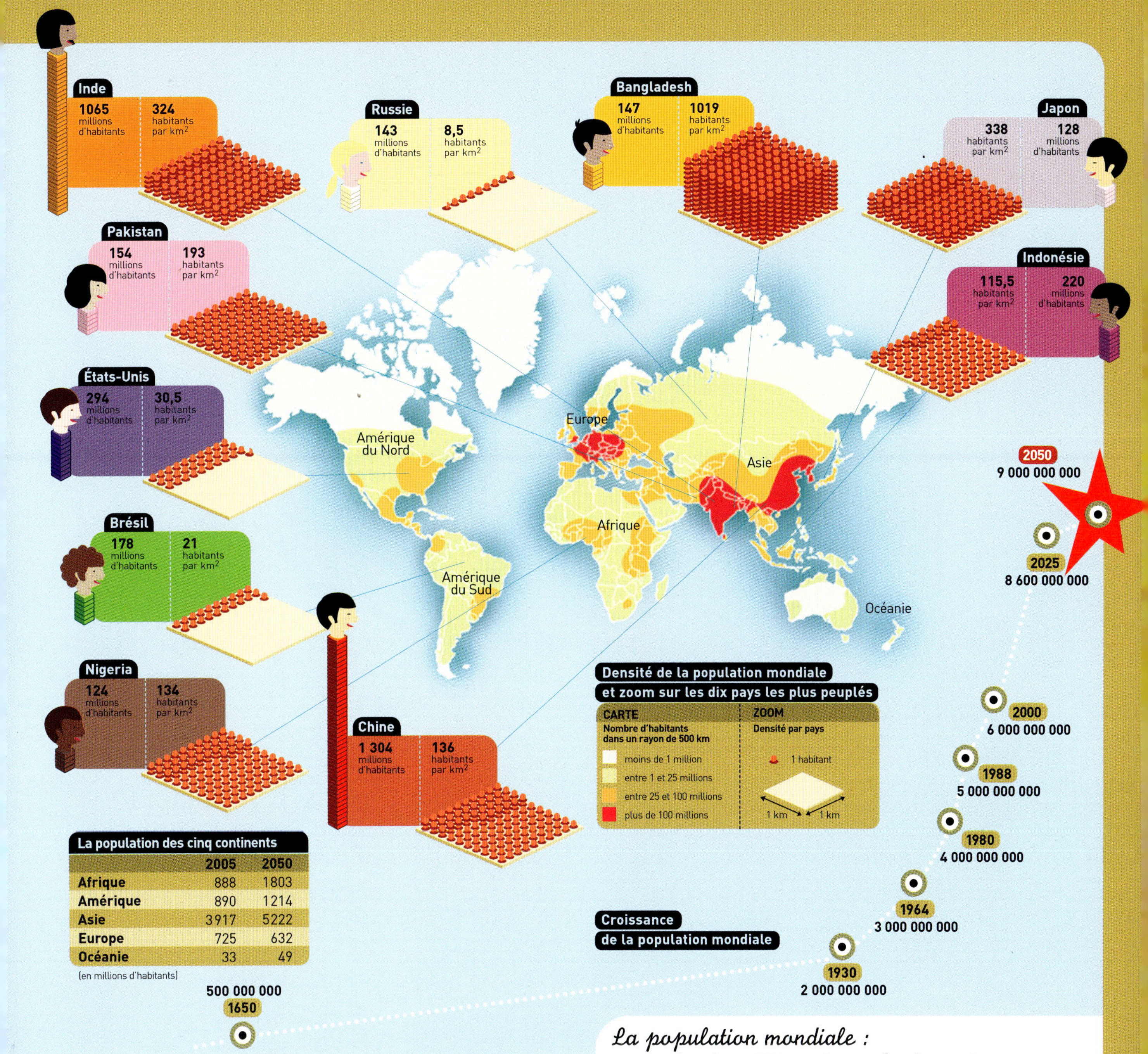

La population des cinq continents

	2005	2050
Afrique	888	1803
Amérique	890	1214
Asie	3917	5222
Europe	725	632
Océanie	33	49

(en millions d'habitants)

La population mondiale : carte de répartition et courbe de croissance

À partir du XIXe siècle en Europe et aux États-Unis, et du XXe siècle dans le reste du monde, les progrès de la médecine et de meilleures conditions de vie ont fait baisser la mortalité. Et l'équilibre a été rompu : il y a aujourd'hui deux fois plus de naissances que de décès ! La population de l'Europe a été multipliée par 5 en deux siècles et celle des ***pays en développement*** par 5 en un siècle. C'est ce qu'on appelle la « révolution démographique ».

Une baisse des naissances

Puisque les enfants ne meurent plus en bas âge, les parents décident d'en avoir moins pour les élever le mieux possible. Les méthodes de ***contraception*** (pilule, stérilet, préservatif…) permettent aux couples d'avoir à peu près le nombre d'enfants qu'ils veulent quand ils le désirent. Elles sont très employées dans les ***pays développés***, >>>

>>> où les familles sont beaucoup moins nombreuses qu'autrefois (1 ou 2 enfants en moyenne).

Dans certains pays en développement qui risquent de ne pas pouvoir faire face à une forte croissance démographique, c'est le gouvernement qui favorise ou même impose la contraception. Dans d'autres, pour des raisons culturelles ou religieuses, il n'y a pas de politique de ce genre et les femmes, même si elles le souhaitent, ne peuvent pas utiliser ces méthodes.

À partir de 1980, la Chine a appliqué une politique de contrôle des naissances très rigoureuse, interdisant aux couples d'avoir plus d'un enfant. L'Inde aussi a pris des mesures anti-natalistes : les femmes ont 3 enfants en moyenne. En revanche, au Pakistan ou en Arabie Saoudite, où la contraception est soumise à des interdits religieux, et en Afrique, où elle est difficile à mettre en place, les familles comptent encore 5 ou 6 enfants en moyenne.

Le vieillissement de la population mondiale

Dans l'ensemble, on fait moins d'enfants et l'on vit plus tard.

Résultat : la population vieillit. Aujourd'hui, dans le monde, une personne sur dix a plus de 60 ans. En 2050, ce sera sans doute plus d'une sur cinq. Cette évolution vaut surtout pour les pays développés. Toutefois, la tendance s'amorce dans les pays en développement : les populations y sont plus jeunes, mais, peu à peu, les couples font moins d'enfants et les progrès en matière de santé permettent aux gens de vivre plus longtemps.

La poussée des villes

Jusqu'au début du XIXe siècle, les hommes vivaient surtout dans les campagnes. Avec l'essor de l'*industrie* en Europe et en Amérique du Nord, les villes sont devenues des centres de plus en plus importants. Aujourd'hui, cette explosion urbaine a gagné le monde entier : dans les pays en développement, les gens abandonnent par millions les campagnes pour s'entasser dans des villes gigantesques, les *mégalopoles* (VOIR P. 12). L'*urbanisation* s'accélère : il y a cent ans, un homme sur dix vivait en ville, aujourd'hui, un homme sur deux !

Embouteillages à New Delhi. La capitale de l'Inde compte aujourd'hui 11,6 millions d'habitants.

zoom

Qu'est-ce que la démographie ?

C'est la science des populations. Comment sont-elles réparties sur la Terre ? De quoi sont-elles composées (de jeunes, de vieux, d'hommes, de femmes) ? Combien d'enfants naissent par an ? Quelle est l'espérance de vie de chacun ?

Les démographes fournissent ainsi des informations précieuses sur l'état et l'évolution des populations dans le monde. Pour ce travail, ils utilisent **quatre indicateurs principaux :**

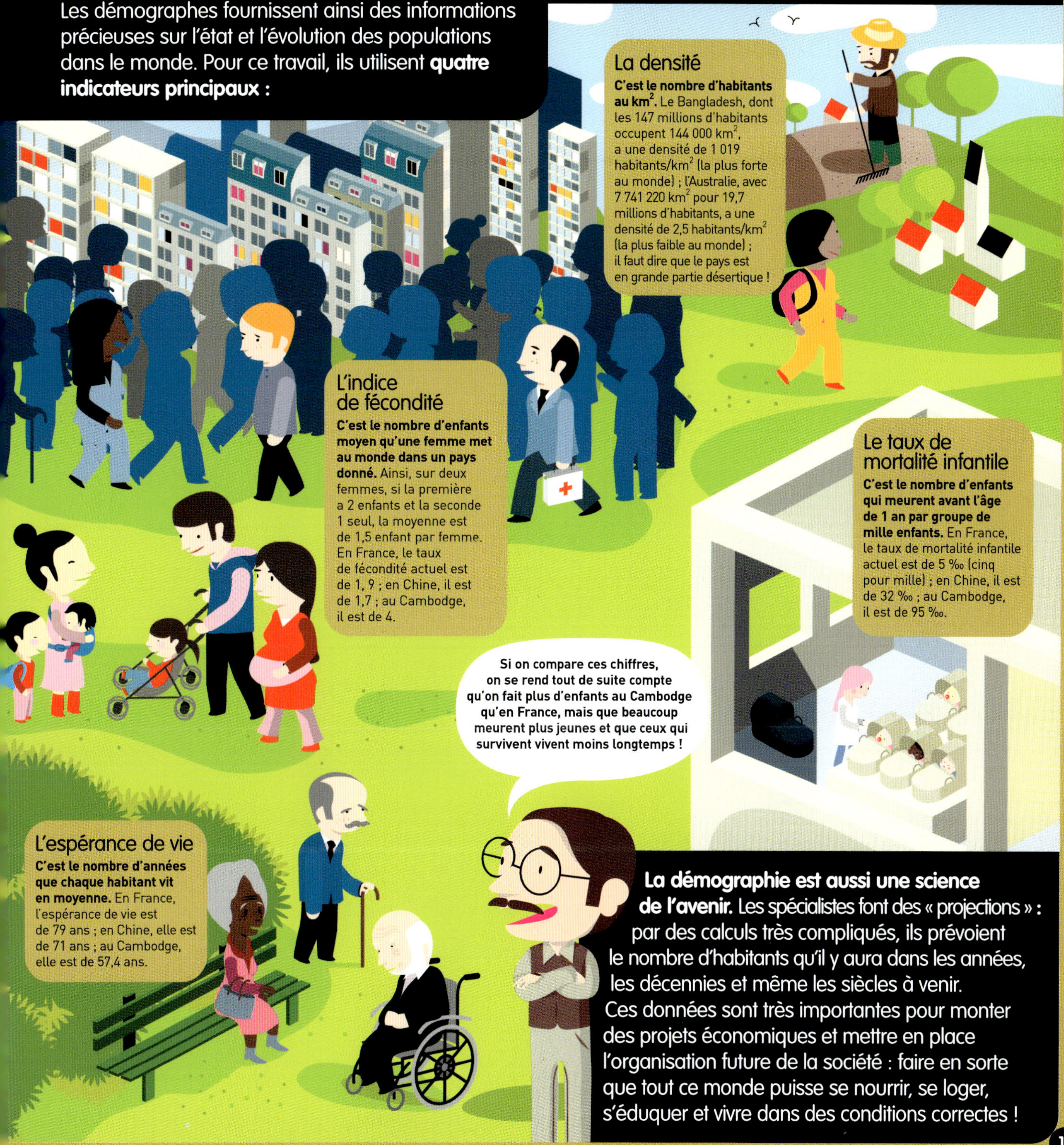

La densité

C'est le nombre d'habitants au km^2. Le Bangladesh, dont les 147 millions d'habitants occupent 144 000 km^2, a une densité de 1 019 habitants/km^2 (la plus forte au monde) ; l'Australie, avec 7 741 220 km^2 pour 19,7 millions d'habitants, a une densité de 2,5 habitants/km^2 (la plus faible au monde) ; il faut dire que le pays est en grande partie désertique !

L'indice de fécondité

C'est le nombre d'enfants moyen qu'une femme met au monde dans un pays donné. Ainsi, sur deux femmes, si la première a 2 enfants et la seconde 1 seul, la moyenne est de 1,5 enfant par femme. En France, le taux de fécondité actuel est de 1, 9 ; en Chine, il est de 1,7 ; au Cambodge, il est de 4.

Le taux de mortalité infantile

C'est le nombre d'enfants qui meurent avant l'âge de 1 an par groupe de mille enfants. En France, le taux de mortalité infantile actuel est de 5 ‰ (cinq pour mille) ; en Chine, il est de 32 ‰ ; au Cambodge, il est de 95 ‰.

L'espérance de vie

C'est le nombre d'années que chaque habitant vit en moyenne. En France, l'espérance de vie est de 79 ans ; en Chine, elle est de 71 ans ; au Cambodge, elle est de 57,4 ans.

La démographie est aussi une science de l'avenir. Les spécialistes font des « projections » : par des calculs très compliqués, ils prévoient le nombre d'habitants qu'il y aura dans les années, les décennies et même les siècles à venir. Ces données sont très importantes pour monter des projets économiques et mettre en place l'organisation future de la société : faire en sorte que tout ce monde puisse se nourrir, se loger, s'éduquer et vivre dans des conditions correctes !

La ruée vers les villes

En 1950, une seule ville comptait plus de 10 millions d'habitants : New York. Aujourd'hui, on en compte 20, et en 2015, il y en aura 23. Ces villes gigantesques, appelées **« mégalopoles »** (du grec *megalos* « grand » et *polis* « ville »), se situent pour la plupart dans les pays du tiers-monde. En Europe et en Amérique du Nord, les villes se sont développées depuis longtemps, lentement et régulièrement. En revanche, dans le reste du monde, **l'exode rural** a commencé il y a seulement cinquante ans : les habitants des campagnes ont afflué vers les villes pour chercher du travail. Dans ces mégalopoles surpeuplées, les moyens manquent pour assurer à tous des conditions de vie correctes. Des **bidonvilles** se multiplient à la périphérie.

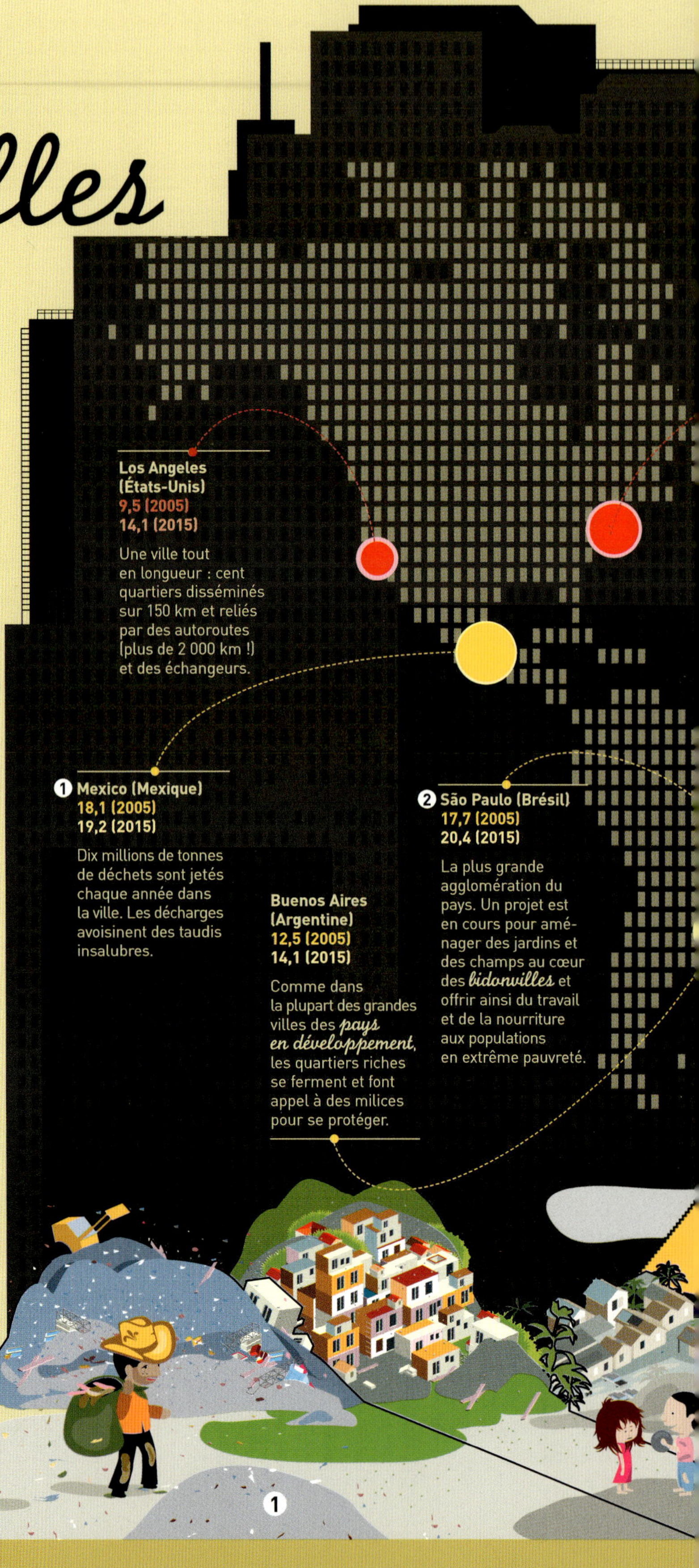

CARTE DES MÉGALOPOLES DU MONDE

- Villes des pays développés, respectivement en 2005 et 2015
- Villes des pays en développement, respectivement en 2005 et 2015

Les chiffres représentent des millions d'habitants et concernent les agglomérations urbaines.
Source : Onu-Habitat

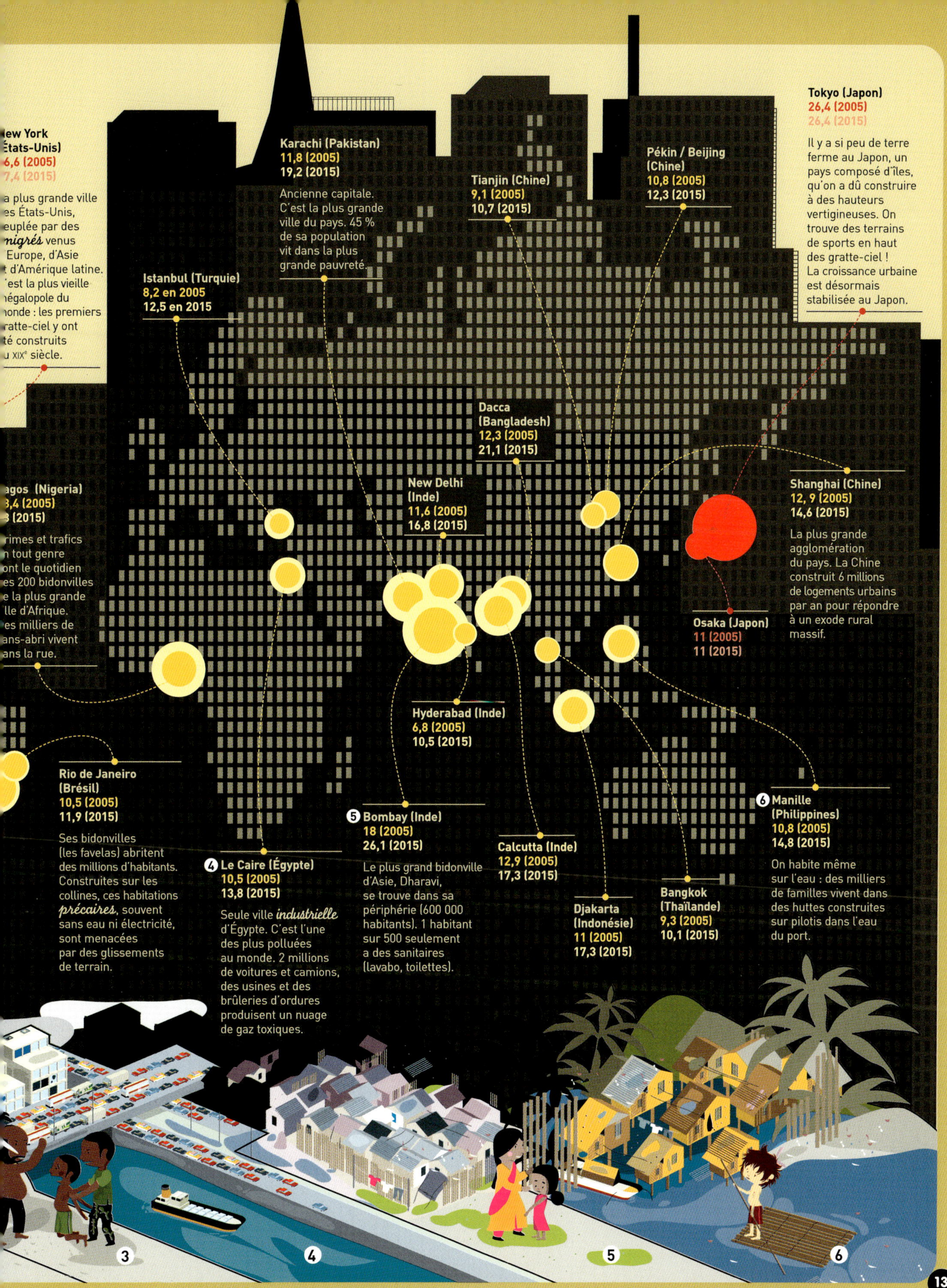

ew York
États-Unis)
6,6 (2005)
7,4 (2015)
a plus grande ville
es États-Unis,
euplée par des
nigrés venus
Europe, d'Asie
t d'Amérique latine.
'est la plus vieille
négalopole du
nonde : les premiers
ratte-ciel y ont
té construits
u XIXe siècle.
Karachi (Pakistan)
11,8 (2005)
19,2 (2015)
Ancienne capitale. C'est la plus grande ville du pays. 45 % de sa population vit dans la plus grande pauvreté.
Tianjin (Chine)
9,1 (2005)
10,7 (2015)
Pékin / Beijing (Chine)
10,8 (2005)
12,3 (2015)
Tokyo (Japon)
26,4 (2005)
26,4 (2015)
Il y a si peu de terre ferme au Japon, un pays composé d'îles, qu'on a dû construire à des hauteurs vertigineuses. On trouve des terrains de sports en haut des gratte-ciel ! La croissance urbaine est désormais stabilisée au Japon.
Istanbul (Turquie)
8,2 en 2005
12,5 en 2015
Dacca (Bangladesh)
12,3 (2005)
21,1 (2015)
agos (Nigeria)
3,4 (2005)
3 (2015)
rimes et trafics
n tout genre
ont le quotidien
es 200 bidonvilles
e la plus grande
lle d'Afrique.
es milliers de
ans-abri vivent
ans la rue.
New Delhi (Inde)
11,6 (2005)
16,8 (2015)
Shanghai (Chine)
12, 9 (2005)
14,6 (2015)
La plus grande agglomération du pays. La Chine construit 6 millions de logements urbains par an pour répondre à un exode rural massif.
Osaka (Japon)
11 (2005)
11 (2015)
Hyderabad (Inde)
6,8 (2005)
10,5 (2015)
Rio de Janeiro (Brésil)
10,5 (2005)
11,9 (2015)
Ses bidonvilles (les favelas) abritent des millions d'habitants. Construites sur les collines, ces habitations *précaires*, souvent sans eau ni électricité, sont menacées par des glissements de terrain.
4 Le Caire (Égypte)
10,5 (2005)
13,8 (2015)
Seule ville *industrielle* d'Égypte. C'est l'une des plus polluées au monde. 2 millions de voitures et camions, des usines et des brûleries d'ordures produisent un nuage de gaz toxiques.
5 Bombay (Inde)
18 (2005)
26,1 (2015)
Le plus grand bidonville d'Asie, Dharavi, se trouve dans sa périphérie (600 000 habitants). 1 habitant sur 500 seulement a des sanitaires (lavabo, toilettes).
Calcutta (Inde)
12,9 (2005)
17,3 (2015)
Djakarta (Indonésie)
11 (2005)
17,3 (2015)
Bangkok (Thaïlande)
9,3 (2005)
10,1 (2015)
6 Manille (Philippines)
10,8 (2005)
14,8 (2015)
On habite même sur l'eau : des milliers de familles vivent dans des huttes construites sur pilotis dans l'eau du port.
3
4
5
6

Société et pouvoir

Au cours de l'histoire, les sociétés humaines se sont organisées en instaurant des lois et des systèmes de gouvernement. Aujourd'hui, ce sont les droits de l'homme qui fondent cette organisation, mais ils ne sont pas toujours respectés !

question d'enfant

UN ÉTAT ET UN PAYS, C'EST PAREIL ?

Pas exactement. Le pays, c'est un territoire où vit une population. L'État, c'est le gouvernement et l'organisation de ce pays. En général, à chaque pays correspond un État, mais certains pays sont des fédérations d'États, comme les États-Unis ou l'Allemagne. Aujourd'hui, des pays, en cas de crise, peuvent se retrouver sans État : des chefs de guerre se disputent le pouvoir par la force, personne ne gouverne, aucune loi n'est appliquée et la population n'a plus aucun droit (VOIR P. 16).

L'invention des lois et de l'État

Depuis toujours, il a fallu trouver des moyens d'établir des relations stables à l'intérieur des sociétés humaines. D'où l'invention de règles générales que chacun doit accepter pour vivre avec les autres : ce sont les lois. L'ensemble des lois forment le droit. Les hommes ont compris que pour faire les lois et s'assurer que chacun les respecte, on avait besoin d'une autorité : cette autorité, c'est l'État. L'État établit les rapports entre les gouvernants (ceux qui gouvernent) et les gouvernés. Il peut prendre des formes très différentes : monarchique ou républicain, démocratique ou totalitaire (VOIR P. 16). La politique, c'est la façon dont l'État organise et gouverne la société.

Qui détient le pouvoir ?

Souvent, dans l'histoire, les plus forts ont dominé les plus faibles. Devenus les chefs, ils ont établi des lois selon leur volonté et à leur seul profit. Certes, ils ont fait régner l'ordre, mais un ordre injuste, fondé sur le droit du plus fort : dans l'Antiquité, les esclaves étaient exclus de tout pouvoir. Et au Moyen Âge, les seigneurs, véritables chefs de guerre, exerçaient leur pouvoir par la force et avaient droit de vie et de mort sur les paysans. Sous la monarchie absolue, seul le roi avait le pouvoir : « l'État, c'est moi », disait Louis XIV, au XVIIe siècle. Mais l'histoire du monde est aussi celle des révoltes contre ces systèmes injustes. Ainsi, la Révolution française a mis fin à l'Ancien Régime en abolissant

3 dates pour les droits de l'homme

4 juillet 1776
La Déclaration d'indépendance américaine reconnaît à tous les hommes des « droits inaliénables », dont la vie, la liberté et la recherche du bonheur.

26 août 1789
Les députés français votent **la Déclaration des droits de l'homme et du citoyen :** « Tous les hommes naissent et demeurent libres et égaux en droits. » (article 1).

10 mars 1948
L'Assemblée générale des Nations Unies vote **la Déclaration universelle des droits de l'homme :** liberté et égalité pour tous les hommes sur la Terre.

les privilèges réservés à certains et en déclarant la ***souveraineté*** du peuple.

La naissance des droits de l'homme

Si l'on n'accepte pas le droit du plus fort, sur quoi faut-il fonder les lois et l'État ? Des philosophes comme Voltaire et Rousseau, au XVIIIe siècle, ont beaucoup réfléchi à cette question. Selon eux, les hommes, par nature, sont « libres et égaux en droits » et chacun a des « droits fondamentaux » : droit à la vie, au travail, à la santé, à l'éducation, droit de s'exprimer et de circuler... Le 4 juillet 1776, Thomas Jefferson rédige la Déclaration d'indépendance américaine qui fait des ***droits de l'homme*** la base de l'organisation de la société. Les révolutionnaires français s'en inspireront pour leur Déclaration des droits de l'homme et du ***citoyen*** du 26 août 1789.

Aujourd'hui, on vit dans un monde où les droits de l'homme sont reconnus. Dans la réalité, ils sont souvent bafoués, mais des individus ou des régimes politiques peuvent être condamnés parce qu'ils ne les ont pas respectés (VOIR P. 87).

LA DÉCLARATION DES DROITS DE L'HOMME ET DU CITOYEN

Les régimes politiques

Selon les époques et les lieux, les rapports entre gouvernants et gouvernés ne se sont pas organisés de la même façon. Les **régimes politiques** sont les différentes manières d'organiser ces rapports. Dans certains régimes, le pouvoir de ceux qui gouvernent est « arbitraire » : il dépend de la volonté d'un seul ou d'un petit groupe et s'appuie généralement sur la **force.** Dans d'autres, il est « légitime » : il dépend de la volonté générale et s'appuie sur les **lois.** Au cours de l'Histoire, la plupart des pays ont changé plusieurs fois de régime politique et parfois de manière violente, par **une révolution ou un coup d'État.** Certaines formes d'organisation politique sont très anciennes, d'autres plus récentes. Dans le monde d'aujourd'hui, elles sont à peu près toutes représentées.

Autrefois..

LE POUVOIR DES CHEFS

État : inexistant ou très mal organisé.
Qui commande ? Les chefs ou les seigneurs.
Loi : celle du plus fort.
Armée et police : chaque chef a son armée et aucune police ne protège le peuple.
Droits de l'homme : non respectés.

Le régime du clan

Pendant la préhistoire, c'est le plus fort ou le plus malin qui est reconnu comme chef du clan. Il a tout pouvoir sur les autres jusqu'à ce qu'u[n] plus fort ou un plus mali[n] prenne sa place.

Aujourd'hui

Les chefs de guerre
De nos jours, en Somalie par exemple, des chefs exercent encore un pouvoir absolu sur les régions dont ils sont maîtres. Et les conflits perpétuels entre ces « seigneurs de la guerre » créent un climat d'insécurité totale pour les populations.

Aujourd'hui

Le communisme
Ce régime est né d'une idée très généreuse : répartir équitablement les richesses et le pouvoir entre tous les hommes (VOIR p. 28). Mais pour assurer cette répartition, le ***communisme*** suppose un État fort et qui laisse peu de liberté à chacun. Résultat : les dirigeants gardent tout le pouvoir pour eux et les pays communistes sont devenus des ***dictatures***, comme l'était l'URSS et le sont aujourd'hui la Chine, le Vietnam ou la Corée du Nord.

Aujourd'hui

La dictature
Le risque a toujours existé qu'un seul homme s'empare du pouvoir à son seul profit, comme César à Rome ou Napoléon en France. Aujourd'hui, il y a encore des dictateurs au pouvoir, surtout dans les ***pays en développement***. Le dictateur se considère au-dessus des lois, qui ne servent plus qu'à renforcer son pouvoir.

Autrefois..

LE RÉGIME AUTORITAIRE

État : très puissant et centralisé.
Qui commande ? Un seul homme ou un petit groupe.
Loi : au service de celui qui commande (empereur, roi, dictateur).
Armée et police : au service du pouvoir.
Droits de l'homme : rarement respectés.

L'empire

En Perse, à Rome en Égypte, dans l'Antiquité, un seul personna[ge] roi, empereur ou pharao[n] détient le pouvoir. Il est parfois considéré comme un dieu.

Autrefois…

régime féodal

Au Moyen Âge, chaque seigneur règne sur un territoire peu
ndu, mais où il a droit
vie et de mort sur les
ysans qu'il commande.
s seigneurs passent leur
nps à se faire la guerre.

LE RÉGIME DÉMOCRATIQUE

État : organisé dans l'intérêt général : tous les pouvoirs sont limités par le droit.
Qui commande ? Le peuple. Il délègue ses pouvoirs à un président de la République ou un Premier ministre, qui gouverne avec ses ministres, et à un ***parlement*** formé des représentants du peuple (députés, sénateurs), qui font les lois.
Loi : au service du peuple, composé de ***citoyens***.
Armée et police : au service des citoyens.
Droits de l'homme : doivent être respectés.

La démocratie athénienne

Au VIᵉ siècle avant J.-C., les Athéniens inventent la ***démo-cratie*** **:** pas de roi, pas de tyran, les citoyens votent eux-mêmes les lois. Mais les femmes, les esclaves et les étrangers sont exclus de la citoyenneté.

La république romaine

Elle met fin à la royauté et s'organise entre les patriciens (les nobles) et les plébéiens (le peuple) qui participent tous à la vie politique. Les femmes et les esclaves en sont exclus.

La république moderne

Elle s'oppose à la monarchie : pas de rois, ni de pouvoir héréditaire. Le pouvoir est partagé entre le président de la république, élu pour un temps donné par les citoyens, et le parlement, composé de députés, élus eux aussi.

Aujourd'hui

La monarchie constitutionnelle
Certains États démocratiques sont en même temps des monarchies (Grande-Bretagne, Pays-Bas, Espagne…). Mais le roi ou la reine ont surtout un rôle de figuration : ils représentent le pays, mais n'ont pas plus de pouvoir politique qu'un autre citoyen. Comme dans une république démocra-tique, le pouvoir appartient aux citoyens qui le délèguent à un Premier ministre et à des députés.

Aujourd'hui

La démocratie
C'est une forme de république qui a pour principe le respect des ***droits de l'homme*** et des libertés fondamentales de chaque citoyen. Les démocraties modernes sont dites « parlementaires » ou « représentatives » : les citoyens ne votent pas directement les lois, ils élisent des députés, auxquels ils confient leur pouvoir. (VOIR P. 42).

Aujourd'hui

La « fausse » république
Une trentaine de « républiques », comme l'Ouzbékistan, sont en fait des régimes autoritaires. Le parlement est constitué de partisans du pouvoir en place, les élections (quand il y en a) sont truquées. Dans certains pays, les présidents se font même élire « à vie » et font en sorte que leur fils leur succède.

Aujourd'hui

La monarchie « pétrolière »
Dans certaines monarchies actuelles, comme l'Arabie Saoudite, tout le pays est au service d'un monarque et de sa famille. Le roi gouverne en faisant ce qui lui plaît, sans avoir de comptes à rendre à quiconque et en utilisant la loi religieuse à son profit.

Des mots anciens

Beaucoup de mots du vocabulaire politique viennent du grec et du latin. Il faut dire que ces lointains ancêtres étaient passionnés de politique et de droit !

-cratie veut dire « pouvoir » en grec. Ainsi, « aristocratie » signifie « pouvoir des meilleurs » (*aristos* : « meilleur ») et « démocratie » « pouvoir du peuple » (*dêmos* : « peuple »).

-archie veut dire « commandement » en grec. Ainsi, « monarchie » signifie « commandement d'un seul » (*monos* : « seul ») et « anarchie », « pas de commandement » (*a-* : négatif).

République
vient du latin *res publica*, la « chose publique », c'est-à-dire l'affaire de tous les citoyens.

a monarchie bsolue

Un seul homme gouverne : le roi (ou monarque). Le pouvoir est
réditaire, il ne sort pas
la famille royale. À la fin
XVIIIᵉ siècle, la Révolution
ançaise met fin à l'Ancien
égime et instaure
régime républicain.

Le régime totalitaire

C'est une forme violente de dictature où la population n'a plus aucune liberté. Chacun est surveillé, et la moindre manifestation d'opposition au pouvoir est réprimée. La police et l'armée sont au service non pas du peuple, mais de ceux qui détiennent le pouvoir. Le nazisme en Allemagne, le stalinisme en Russie, le fascisme en Italie ont été les terribles régimes totalitaires du XXᵉ siècle.

Le monde d'aujourd'hui

Après l'effondrement de l'Union soviétique, les États-Unis restent la seule super-puissance sur la planète. Le monde est sorti de la guerre froide, mais il ne connaît pas la paix et les inégalités augmentent entre pays riches et pays pauvres.

Questions de géopolitique

Toutes les questions de politique à l'échelle de la planète relèvent de ce qu'on appelle la géopolitique : définition des frontières, conflits ou alliances entre États. Comment gérer ces relations entre États ? Par la force ou par le droit ? Selon le droit, chaque pays est ***souverain*** par rapport aux autres. Mais il arrive que certains États, puissants, riches, bien armés, utilisent la force pour en dominer d'autres, moins puissants. Ou encore que deux États s'affrontent pour une question de frontières.

Les relations internationales jouent un rôle très important dans l'histoire des hommes : elles déterminent la guerre ou la paix. Créée en 1945, l'Organisation des Nations Unies (ONU) a pour mission de faire régner la paix dans le monde en développant des relations harmonieuses et équilibrées entre les États (VOIR P. 22).

Une nouvelle carte du monde

Après la Seconde Guerre mondiale, le monde s'est trouvé partagé en deux blocs autour des deux États vainqueurs les plus puissants, les États-Unis (avec les ***démocraties*** : Canada, pays d'Europe occidentale, Japon) et l'Union soviétique (avec les pays ***communistes***, en Europe centrale et orientale).

De 1945 à 1990, ces deux blocs se sont affrontés sans se faire directement la guerre : cette période s'appelle la « guerre froide ». Chacun de ces blocs a beaucoup accru son armement (avec la bombe atomique, notamment) pour dissuader l'autre d'attaquer.

De la fin de la Seconde Guerre mondiale à la fin de la guerre froide

1945
Conférence de Yalta
Les vainqueurs de la guerre (Angleterre, États-Unis, Russie) se mettent d'accord sur un partage du monde entre l'Est et l'Ouest.

1945
Hiroshima et Nagasaki
Les Américains lancent les premières bombes atomiques sur le Japon.

1949
Organisation du Traité de l'Atlantique Nord
Cette alliance militaire réunit, autour des États-Unis, certains pays occidentaux.

Après la Seconde Guerre mondiale, l'Allemagne vaincue est partagée entre l'Est et l'Ouest. En 1961, on construit un mur qui coupe en deux la capitale, Berlin. En 1989, **la chute du mur** annonce la réunification de l'Allemagne et la fin de la guerre froide.

Et la crainte des risques d'un affrontement nucléaire, reconnus de part et d'autre, a maintenu une sorte d'équilibre de la terreur. Les autres pays du monde, pour la plupart des *pays en développement* colonisés par les *pays développés*, ont acquis leur indépendance. Ils forment le *tiers-monde.* Chacun des deux blocs a essayé de se rallier ces pays. Certains sont devenus communistes (Chine, Vietnam, Cuba...), d'autres se sont retrouvés sous l'influence des États-Unis (Argentine, Chili, Philippines...).

Au début des années 1990, le bloc soviétique s'est effondré à cause des difficultés économiques, mais aussi de la lassitude des populations soumises à une véritable *dictature* (VOIR P. 16). Les relations internationales en ont été bouleversées. Aujourd'hui, il ne reste plus qu'une seule « super-puissance » : les États-Unis.

Les grandes puissances

La puissance d'un pays se mesure à sa richesse, à son armement, à l'influence de sa culture sur les autres pays, mais aussi à sa taille et à sa population. Pays vaste et peuplé, les États-Unis sont riches, disposent de l'armement le plus moderne et diffusent leur culture (musique, cinéma, télévision) dans le monde entier (VOIR P. 138). >>>

1955
Pacte de Varsovie
Cette alliance militaire réunit, autour de l'URSS, les pays communistes de l'Est européen. Elle est dissoute en 1991.

1991
Effondrement de l'URSS
Entre le bloc soviétique et le bloc occidental, les frontières, fermées depuis 1946, s'ouvrent : c'est la fin de la guerre froide.

>>> Sans pouvoir rivaliser avec eux, d'autres pays ont aussi une certaine puissance. Les plus grands pays d'Europe occidentale (France, Grande-Bretagne, Italie, Allemagne) ont une économie solide, les deux premiers ont la bombe atomique, et la culture européenne est célèbre dans le monde entier. Le Japon, dont les entreprises sont présentes sur les cinq continents, est une grande puissance économique. La Chine, immense et très peuplée, est encore pauvre, mais elle se développe très vite et détient l'arme nucléaire. La Russie, malgré ses difficultés économiques, a conservé presque tout son potentiel militaire et s'étend sur le plus grand territoire de la planète. Mis à part le Japon, l'Allemagne et l'Italie, vaincus de la Seconde Guerre mondiale, toutes ces puissances sont membres permanents du Conseil de sécurité de l'Onu (VOIR P. 22) et jouent un rôle essentiel dans les relations internationales.

Usine de textile à Pékin, en 2005
La Chine devient une puissance économique. Le textile chinois envahit le marché mondial.

Pays développés, pays en développement

Sans faire partie des grandes puissances, d'autres *pays industrialisés* sont aussi des pays riches : la plupart des pays d'Europe, le Canada, l'Australie. Ce sont des pays développés, contrairement à la plupart des pays du Sud de la planète dits « en développement ». Ces derniers ont longtemps été soumis aux pays plus puissants. Beaucoup sont d'anciennes *colonies*, et leurs richesses ont été exploitées par d'autres (VOIR P. 94). C'est le cas des pays d'Afrique et d'Amérique latine et de certains pays d'Asie.

La plupart connaissent de grandes difficultés politiques, économiques et sociales. Parmi eux se comptent les pays les plus pauvres de la planète. Cependant, plusieurs ont amorcé leur décollage et devraient jouer bientôt un rôle international. C'est le cas de la Corée du Sud (Asie) (VOIR P. 101), du Brésil et du Mexique (Amérique latine). L'Inde, ancienne colonie britannique, est devenue une véritable puissance militaire et économique, malgré la pauvreté de la majorité de ses habitants.

Les organisations régionales

De nombreux pays se sont rendus compte qu'ils ne pouvaient pas trouver seuls des solutions à leurs difficultés ou s'affirmer comme puissance. Des États indépendants se sont donc associés pour former des ensembles plus vastes avec, d'abord, des objectifs économiques. Favoriser les échanges, développer la circulation des marchandises et des personnes au-delà des frontières de chaque pays, permet de créer plus de richesses. Ces ensembles régionaux (VOIR CARTE) ont dynamisé le développement de ces pays.

LES ORGANISATIONS RÉGIONALES

ASEAN : Association des Nations de l'Asie du Sud-Est - **SADC :** Communauté pour le développement de l'Afrique australe
ALENA : Accord de Libre-Échange Nord-Américain - **MERCOSUR :** Marché commun du Sud.

zoom L'Union européenne

En 1950, on a pensé que le meilleur moyen d'instaurer la paix et de reconstruire l'Europe dévastée par le conflit mondial était de s'associer sur le plan économique. D'où la création, en 1957, de la CEE, devenue l'Union européenne (UE) en 1992.

Le nombre des pays membres a augmenté : il est passé de six à vingt-cinq. L'Europe unie a tenu ses promesses : **les pays qui l'ont rejointe n'ont plus connu la guerre,** ils vivent en *démocratie* et ont tous développé leur économie.

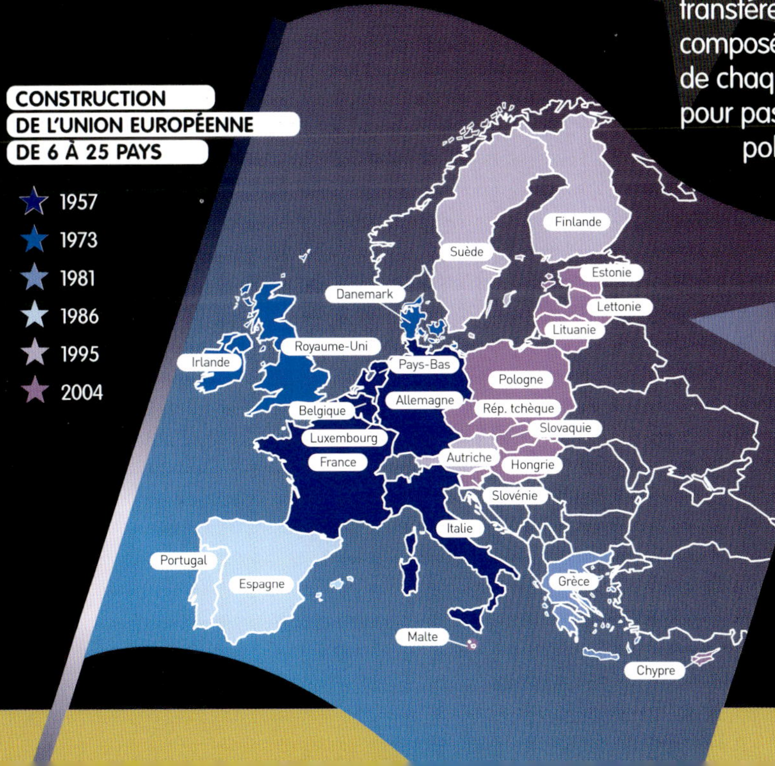

De nombreux Européens pensent que **l'UE doit devenir un véritable ensemble politique.** Chaque État devra alors accepter de se défaire de sa *souveraineté* en matière de défense et de *diplomatie*, de politiques sociale, environnementale et culturelle, pour la transférer à une sorte de gouvernement européen, composé d'un président et de représentants de chaque pays. Tout le monde n'est pas d'accord pour passer à cette nouvelle étape. Des responsables politiques craignent notamment que les pays y perdent leur indépendance et leur identité.

Sur le plan économique, surtout depuis la création d'une monnaie unique (l'euro), puissante face au dollar américain, l'Union européenne est devenue un poids lourd dans la vie internationale. Dans le nouvel équilibre du monde, elle seule pourrait contrebalancer la super-puissance américaine. Mais il faut qu'elle achève sa construction politique, en se donnant par exemple une Constitution, et mette fin à ses querelles internes sur les questions de politique internationale.

Le système de l'Onu

L'Organisation des Nations Unies, créée en 1945 par 51 pays, est née d'un grand rêve : construire, après la Seconde Guerre mondiale, **un monde nouveau,** débarrassé de la guerre et de l'injustice. Elle rassemble aujourd'hui **191 pays**. Elle tente de régler les problèmes entre les États et, en cas de guerre, intervient pour rétablir puis maintenir la **paix**. Comment ? Par la **diplomatie** (rencontres, discussions, négociations) et à l'aide d'une **force armée**, les fameux « Casques bleus », qui assurent des missions de maintien de la paix dans les zones de conflits. Hélas, l'Onu a souvent du mal à faire respecter ses décisions et certains pays rejettent ses avis, qui mettent en cause leur propre puissance : ainsi, en 2003, les États-Unis ont envahi l'Irak sans tenir compte de l'opposition de l'Onu.

Organismes de l'Onu

Au secours des enfants du monde

L'Unicef s'occupe de la protection des enfants et de la défense de leurs *droits* à la santé, à l'éducation et à la sécurité.

Sus à la drogue et au crime !

L'Office des Nations Unies contre la Drogue et le Crime (ONUDC) aide les États à lutter contre le trafic de *drogue* et le crime organisé.

LE SECRÉTAIRE GÉNÉRAL

Élu tous les cinq ans, il organise et coordonne les actions de l'Onu. Il est en contact avec les gouvernements de tous les pays et joue un rôle important dans les négociations pour la paix.

LA COUR INTERNATIONALE DE JUSTICE

Elle a pour mission de régler les différends entre États. Par exemple, à propos d'une frontière sur laquelle deux pays voisins ne sont pas d'accord. Plutôt que de se faire la guerre, ils demandent à la justice de régler le conflit.

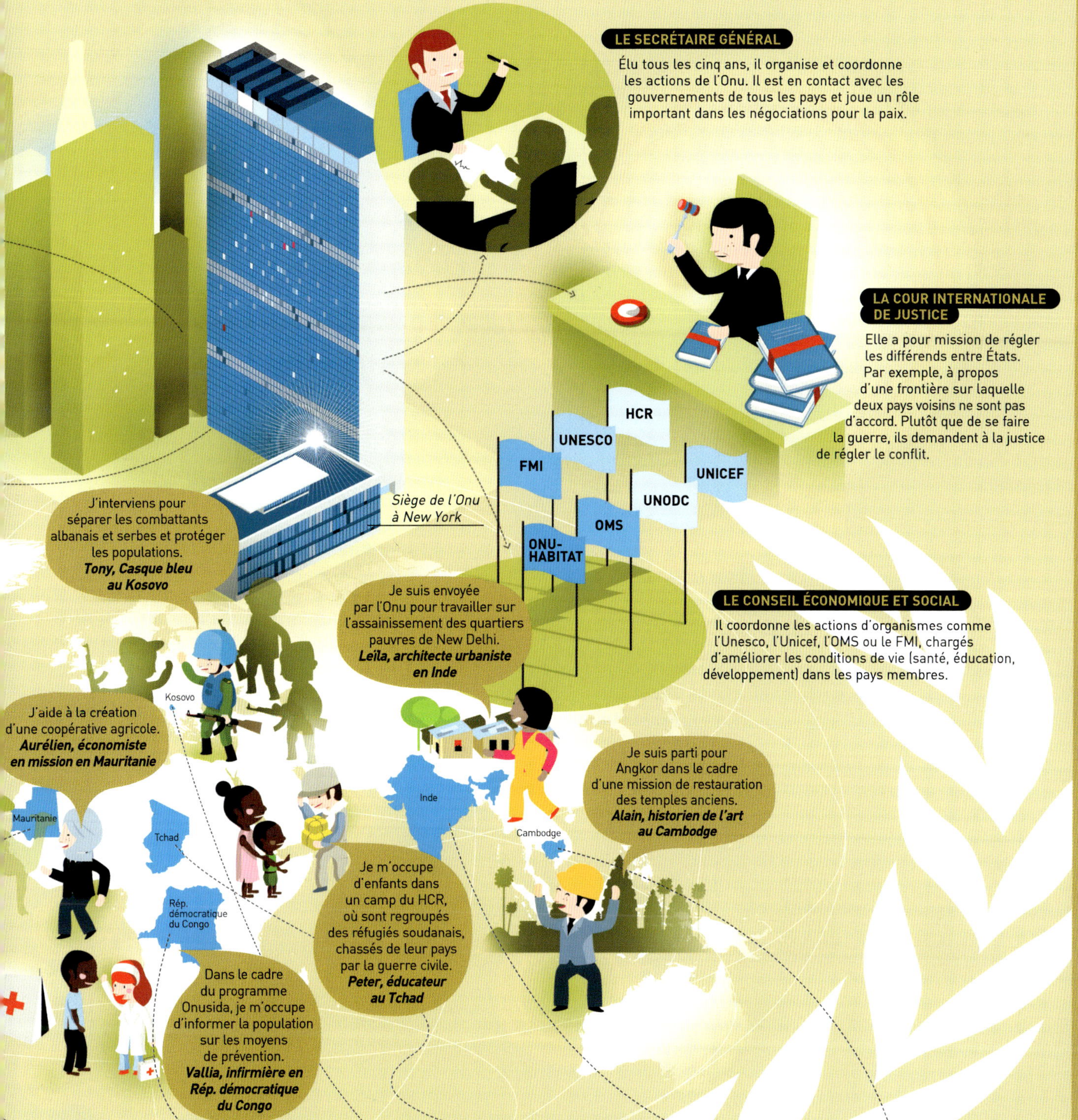

LE CONSEIL ÉCONOMIQUE ET SOCIAL

Il coordonne les actions d'organismes comme l'Unesco, l'Unicef, l'OMS ou le FMI, chargés d'améliorer les conditions de vie (santé, éducation, développement) dans les pays membres.

De l'argent pour le développement

Le Fonds Monétaire International (FMI) et la Banque mondiale ont pour mission de trouver des financements pour les projets de développement.

Objectif : santé

L'Organisation Mondiale de la Santé (OMS) organise la lutte contre les maladies au niveau de la planète : campagnes de vaccinations, construction d'hôpitaux, formation de personnels de santé.

Des soldats de la paix

Plus de 50 000 personnes venues de tous les pays du monde, dont 40 000 Casques bleus, sont présents pour des missions de maintien de la paix dans 26 zones de conflits (Palestine, Liban, Kosovo, Rép. démocratique du Congo, etc.) (VOIR P. 78).

Au secours des réfugiés

Le Haut-Commissariat aux Réfugiés (HCR) gère des camps pour les *réfugiés* qui, fuyant la guerre, ont quitté leur pays d'origine (VOIR P. 82).

Non aux bidonvilles !

ONU-Habitat s'attaque aux problèmes de la vie dans les grandes métropoles mondiales, et particulièrement dans les *bidonvilles* (VOIR P. 12).

Éducation, sciences et culture pour tous

L'Unesco s'occupe de l'éducation : lutte contre l'*analphabétisme*, diffusion des progrès scientifiques sur toute la planète, préservation des patrimoines culturels (VOIR P. 140).

La mondialisation

Le commerce international et les moyens de communication ont connu à la fin du XXe siècle un grand développement. On appelle « mondialisation » l'intense circulation des hommes, des marchandises, de l'argent et des informations à travers le monde.

Du village à la planète

D'un bout à l'autre du globe, on communique, on s'informe, on achète et on vend. Il y a des frontières entre les États, bien sûr, mais les échanges entre les hommes se font de plus en plus au niveau international ; et, grâce aux moyens de communication, de plus en plus vite ! Les habitants de la Terre sont plus que jamais en relation d'interdépendance les uns avec les autres. Le commerce mondial est florissant : il y a trois fois plus de marchandises vendues et achetées qu'il y a vingt ans !
Le monde, pris dans son ensemble, s'enrichit. Mais la ***mondialisation*** de l'économie laisse de côté une grande partie de la population, dans les pays pauvres, mais aussi de plus en plus dans les pays riches.

Le rôle des multinationales

Les pays les plus pauvres, en entrant dans ce vaste réseau qu'est devenu le monde, ne vont-ils pas pouvoir se développer, devenir plus riches ? Eh bien non ! La mondialisation profite essentiellement aux plus riches et aux plus puissants ; et en particulier aux plus grosses entreprises des pays industriels (États-Unis, Europe, Japon). >>>

Délocalisations et chômage dans les pays riches

Une entreprise de fabrication de jouets va ***délocaliser*** ses usines dans un pays où les ***salaires*** sont bas : le travail humain lui coûtera moins cher, mais les gens sont privés d'emploi dans le pays où les salaires sont plus élevés...

Une ouvrière chinoise, par exemple, travaille 14 heures par jour (7 jours sur 7, certaines semaines) pour un salaire correspondant à 70 euros par mois, les meilleurs mois.

En France, pour un travail équivalent, une ouvrière gagnerait 1 500 euros par mois (soit 20 fois plus), pour 35 heures par semaine et deux jours de congé hebdomadaire !

Pression sur les prix dans les pays pauvres

Une entreprise de distribution alimentaire va acheter ses fruits à un paysan d'un ***pays en développement***. Elle fixe le prix ridiculement bas.

Le paysan pourrait refuser de vendre, mais alors toute sa production risquerait de pourrir, car il n'est pas évident de trouver tout de suite d'autres clients !

Et même s'il y avait d'autres clients, sachant que le paysan est pressé de vendre, il y a peu de chance qu'ils lui proposent un meilleur prix...

Du café vendu à Tokyo vient du Brésil...
CAFÉ DO BRASIL
MADE IN TAIWAN
En une seconde, on peut envoyer un mail ou un texto à son copain de Bamako...
Des vêtements portés en France sont fabriqués à Taïwan...
SOUTH AFRICA
À Londres, on trouve toute l'année des oranges d'Afrique du Sud...
BOMBAY
SIDNEY
MEXICO
NEW YORK
Dans le monde entier, des voitures roulent grâce au pétrole d'Arabie Saoudite...
Sans cesse, des bateaux, des avions, des trains, des camions circulent partout dans le monde, transportant des marchandises et des hommes...
Internet, les câbles, les satellites véhiculent à toute allure des informations...
Des Européens passent leurs vacances en Afrique, en Asie, en Amérique du Sud... Des Américains viennent visiter l'Europe...
Des gens travaillent à des milliers de kilomètres de leur lieu de naissance...

Exemples de Multinationales

Mac Donald's
(États-Unis)
440 000 salariés
dans le monde
→ restauration rapide

Carrefour
(France)
420 000 salariés
dans le monde
→ grande distribution

Ford
(États-Unis)
330 000 salariés
dans le monde
→ automobile

Ibm
(États-Unis)
330 000 salariés
dans le monde
→ informatique

Nestlé
(Suisse)
250 000 salariés
dans le monde
→ alimentation

Unilever
(Royaume-Uni/Pays-Bas)
240 000 salariés
dans le monde
→ alimentation, lessives

Sony
(Japon)
160 000 salariés
dans le monde
→ électronique

>>> Beaucoup d'entre elles sont des ***multinationales***, qui ont des filiales dans le monde entier. Elles cherchent à gagner toujours plus d'argent. Cette recherche du profit est normale pour des entreprises, mais ne doit pas se faire au détriment des gens qu'elles emploient ou à qui elles achètent des produits.

La mondialisation financière

Les entreprises ont besoin de ***capitaux*** financiers (importantes sommes d'argent) pour acquérir des machines, construire des usines, inventer des produits, racheter d'autres entreprises... Les gens qui ont de l'argent peuvent le placer dans ces entreprises en achetant des actions à la ***Bourse***. Si les entreprises font des profits, une part revient à ces « actionnaires ».

Avec la mondialisation, et grâce à l'informatique, on achète et on revend des actions à toute vitesse, surtout dans les pays riches. Mais les ***marchés financiers*** servent plus à assurer des gains élevés et rapides à ceux qui ont placé leur argent qu'à développer la production et l'emploi pour tous, creusant ainsi les écarts entre riches et pauvres.

Notre monde n'est pas à vendre ! Les altermondialistes réclament une mondialisation plus juste (Genève, 2001).

Des règles injustes

Les autorités politiques, nationales ou internationales, ne peuvent (ou ne veulent) pas limiter l'activité des entreprises. L'Organisation Mondiale du Commerce (OMC) est chargée d'établir des règles commerciales entre les différents États. Mais ces règles, fondées sur la libre circulation des marchandises et des capitaux, favorisent les pays déjà riches. Une sorte de « club » des pays riches, le G8 (le Groupe des sept pays les plus industrialisés et la Russie), dispose de tous les moyens pour défendre ses intérêts face au reste du monde. Le Fonds Monétaire International (FMI) et la Banque mondiale, organes de l'Onu (VOIR p. 22), sont chargés de prêter de l'argent aux pays pauvres pour financer des projets de développement. Mais les règles qu'ils appliquent, inspirées de l'économie des pays riches, peuvent provoquer des crises graves dans les pays qu'ils sont censés aider. La ***dette*** des pays du ***tiers-monde*** en est un exemple : dans la plupart de ces pays, le démarrage économique n'a pas été suffisant pour rembourser les sommes prêtées (VOIR p. 96).

zoom

Le pétrole

Le pétrole est un bon exemple de l'interdépendance des pays. Il joue un rôle essentiel dans l'économie mondiale. Beaucoup de secteurs (industrie, transports, agriculture...) dépendent du pétrole comme source d'énergie et matière première.

Certains pays produisent et *exportent* du pétrole. L'or noir, comme on l'appelle, est pour eux une source de richesses. Les *pays industrialisés*, qui consomment le plus de pétrole, dépendent de ces pays. Les États-Unis, qui sont pourtant un gros producteur, doivent importer la moitié de ce qu'ils consomment. Les compagnies pétrolières sont des *multinationales* qui se livrent une concurrence sans merci pour l'exploitation des champs de pétrole dans le monde.

Le pétrole joue un rôle décisif dans les relations internationales : on fait la guerre pour prendre le contrôle des lieux de production, pour assurer le transport de l'or noir (VOIR P. 74) ; les pays producteurs tentent de faire monter les prix et leurs décisions pèsent sur l'économie des pays consommateurs. Onze pays producteurs se sont regroupés dans l'Organisation des Pays Exportateurs de Pétrole (OPEP) pour défendre leurs intérêts face aux pays consommateurs et aux autres pays producteurs. Ainsi, en 1973, l'Opep a brutalement augmenté les prix et provoqué de grosses difficultés économiques dans les pays industrialisés : c'est ce qu'on a appelé le « choc pétrolier ».

PAYS PRODUCTEURS DE PÉTROLE ET GROS CONSOMMATEURS

ÉVOLUTION DES PRIX DU BARIL DE PÉTROLE EN DOLLARS
(1 baril = environ 160 litres)

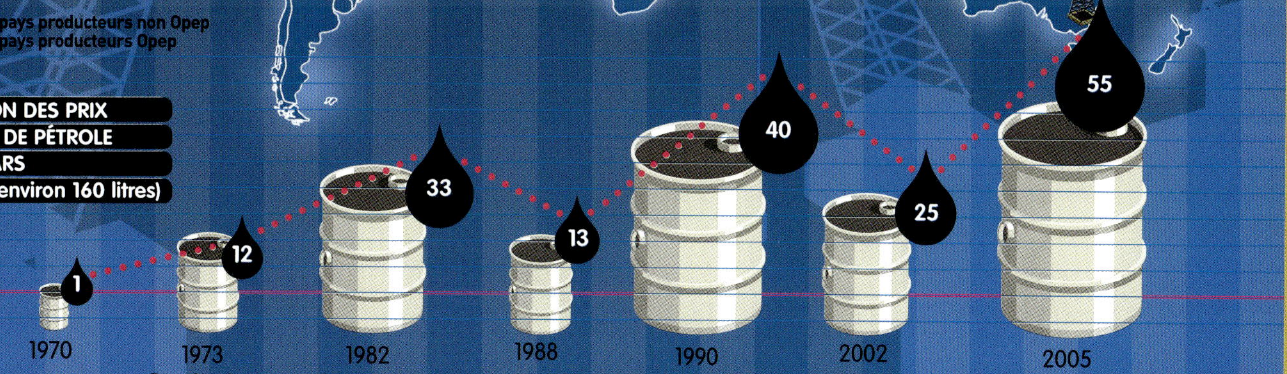

Les systèmes économiques

L'activité économique existe depuis la Préhistoire : des hommes cultivaient la terre, d'autres fabriquaient des objets, puis ils échangeaient le produit de leur travail. Bien sûr, les moyens de produire, de fabriquer et d'échanger ont beaucoup évolué depuis, mais on retrouve toujours les trois secteurs essentiels de l'économie : **l'agriculture** (domaine des produits de la terre... et de la mer), **l'industrie** (fabrication d'objets), **le commerce** (domaine de l'échange), auquel on rattache **les « services »** (santé, éducation, enseignement, transports, banques…). L'économie, c'est la façon dont s'organisent toutes ces activités. C'est aussi la façon de répartir les richesses qu'elles produisent. Aujourd'hui, l'organisation du travail et la répartition des richesses se font au niveau international.

Mme Profit et Mr Kolek discutent des mérites respectifs de deux systèmes économiques complètement opposés. Mais voici que surgit un troisième personnage, Monsieur Providence.

LE CAPITALISME

Le *capitalisme* est fondé sur la **propriété privée** et basé sur la **liberté d'entreprise** (chacun, s'il a l'argent nécessaire, peut créer son entreprise). Les entreprises sont en concurrence et la règle est la *loi du marché* : chacune essaie de vendre le plus possible – même des produits qui ne sont pas vraiment utiles – en vue d'un profit maximum. L'État doit intervenir le moins possible dans les activités économiques. C'est ce qu'on appelle aussi l'économie « libérale ».

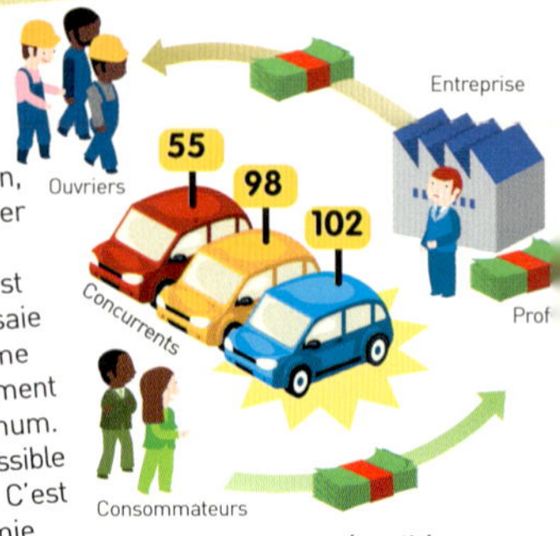

Usine BASF, en Allemagne (1881)

19e siècle **En Europe, puis aux États-Unis, a lieu la *révolution industrielle***, due aux progrès scientifiques et techniques. On construit des usines, les paysans deviennent ouvriers, employés par des entrepreneurs capitalistes, qui pensent surtout à faire du profit.

Bucarest, 1990 : la statue de Lénine est renversée.

Fin du 20e siècle **Les pays communistes, dominés par l'Union soviétique,** en Europe centrale et orientale (Allemagne de l'Est, Hongrie, Tchécoslovaquie, Pologne...), rejettent le communisme (1989). Les gens ne supportent plus l'absence de liberté et veulent participer à l'économie mondiale : ils instaurent la *démocratie* et adoptent le système capitaliste.

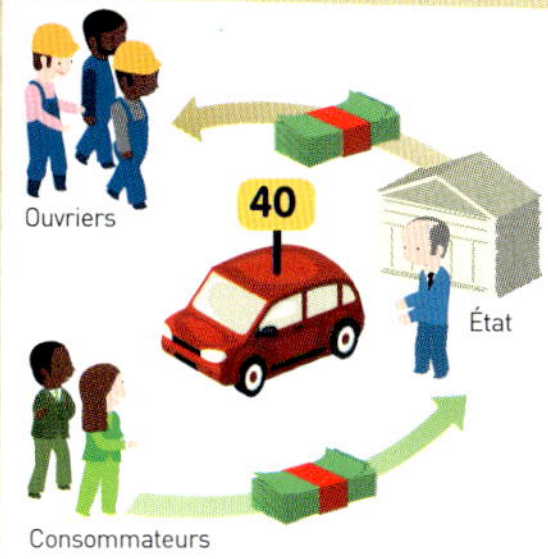

Exemple : Cuba, Corée du Nord

LE COMMUNISME

Le *communisme* est fondé sur la **mise en commun des moyens de production** (usines, machines...). La propriété privée est supprimée. Un État fort contrôle les activités économiques et répartit les richesses. Ce système correspond à un type de régime politique où toutes les activités humaines sont organisées et contrôlées par le pouvoir (VOIR P. 16).

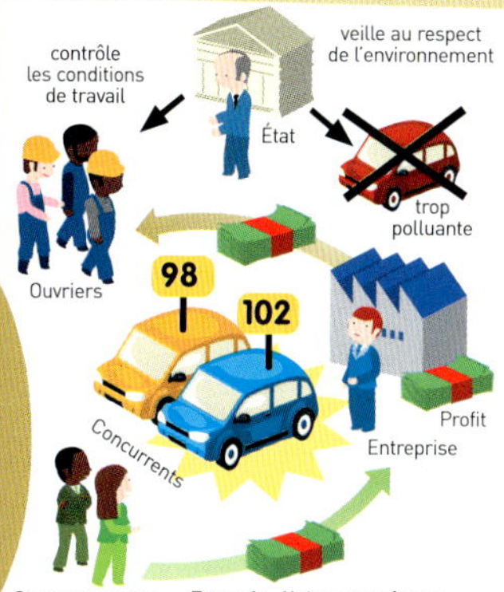

Exemple : Union européenne

LE CAPITALISME SOCIAL

Le capitalisme social est fondé sur un **équilibre entre la liberté pour les entreprises et un rôle important de l'État.** Ce dernier contrôle les conditions de travail, assure la protection des salariés, incite au respect de l'environnement et règle les impôts en fonction des besoins de la société tout entière. Il peut aider les entreprises en difficulté.

Grève des mineurs, en France

Fin du 19e siècle **Naissance en Europe d'un mouvement socialiste ou communiste**, opposé au capitalisme et nourri des idées de Marx (1818-1883), philosophe et économiste allemand. Ce dernier explique que les ouvriers doivent prendre le pouvoir et transformer la société pour la rendre juste et égalitaire.

Affiche de propagande stalinienne (1953)

Début 20e siècle **En 1917 a lieu en Russie une révolution communiste** inspirée du marxisme. Elle donne naissance à l'Union soviétique, dont l'économie fonctionne sur le modèle communiste. Mais cet espoir d'une société plus juste débouche sur un des pires régimes. Sous Staline et ses successeurs, l'économie est gérée de façon catastrophique pour la population et pour l'environnement.

Moscou, 1993 : marché noir

Fin du 20e siècle **En 1991, l'Union soviétique elle-même s'effondre :** les « républiques » qui la composaient, dont la Russie, prennent chacune leur indépendance. Dans ces pays, peu préparés à l'économie capitaliste, les gens connaissent de grosses difficultés, mais certains font fortune.

À la Bourse de New York

Fin du 20e siècle **L'économie mondiale est capitaliste.** Mais, dans les pays démocratiques, l'État intervient beaucoup. Certains, partisans d'un capitalisme ultralibéral, pensent que ces interventions de l'État gênent l'activité des entreprises, qui devraient fonctionner selon la seule loi du marché.

Manifestation altermondialiste

Début du 21e siècle **D'autres, au contraire, critiquent les méfaits de ce capitalisme mondialisé,** qui accentue les inégalités entre les riches et les pauvres, et souhaitent une autre *mondialisation* économique, inspirée des idées communistes : ce sont les *altermondialistes*.

Les cultures du monde

Le mot « culture » fait d'abord penser aux arts, à la littérature, au cinéma, à la musique. Mais la culture est beaucoup plus que cela : c'est aussi les langues que l'on parle, les façons de penser, les religions, les habitudes de vie.

Des œuvres d'art à la cuisine

Parler français ou espagnol, manger avec une fourchette ou avec des baguettes, boire du vin ou du Coca-Cola, c'est culturel ! Comme la manière d'éduquer les enfants, de répartir les tâches entre les hommes et les femmes, de cuire les aliments, de s'habiller, d'écrire, de cultiver la terre ou de fabriquer des objets.

La culture, c'est toutes les façons de vivre, de penser, de communiquer que les êtres humains ont inventées, inventent ou inventeront, au long de leur histoire. La part de culture que l'on a héritée des générations précédentes et que l'on veut conserver s'appelle le « patrimoine ». Les monuments anciens, les œuvres d'art, mais aussi les traditions religieuses, techniques et artistiques font partie du patrimoine d'un pays ou d'une région. De même, certains sites naturels, conservés jusqu'ici et que l'on doit protéger (VOIR P. 140).

Des cultures différentes

Traditions, langues, modes de pensée et religions ne sont pas les mêmes partout. Chaque pays ou région du monde a sa géographie et son histoire propres.
Les hommes y vivent de façons différentes, ils ont donc des cultures différentes. Ici, on va à la mosquée, là, on va à l'église ; ici, on parle wolof, là, on parle polonais ; ici, on apprend dans des livres, là, on enseigne de manière orale. Rien ne donne plus l'idée de la diversité culturelle que la variété des langues parlées dans le monde : une vraie tour de Babel ! (VOIR INFO +)

La mondialisation : un défi pour la culture

Aujourd'hui, avec les moyens de communication internationaux, les cultures se diffusent dans le monde entier. On mange du couscous et des sushis à Paris comme à Chicago ou Johannesburg. On traduit des livres d'une langue à l'autre. On voit en France des films coréens ou mexicains

sous-titrés ou en version française. Le hip-hop, né à New York, a fait des adeptes chez tous les jeunes, de Dakar à Buenos Aires en passant par Moscou. Et le tourisme emmène des curieux voir des monuments du monde entier. Mais les échanges, dans ce domaine comme dans bien d'autres, sont inégaux. La culture des pays riches – et particulièrement la culture américaine – dispose de moyens de diffusion beaucoup plus importants que celle des pays pauvres. D'où, chez certains, la crainte de perdre leur culture, leurs traditions, leurs modes de vie particuliers : ce qu'on appelle l'identité culturelle.

info +

LES LANGUES DU MONDE

L'importance d'une langue s'évalue au nombre de locuteurs (les gens qui utilisent habituellement la langue), mais aussi à sa diffusion géographique. Ainsi, l'anglais, l'espagnol, l'arabe, le portugais, le français sont des **langues internationales,** qui sont pratiquées dans de nombreux pays. Alors que le chinois, le russe ou l'hindi (langue indienne) ne sont parlés chacun que dans une région du monde.

RÉPARTITION DES LANGUES PARLÉES DANS PLUSIEURS PAYS
(comme langue officielle ou co-officielle)

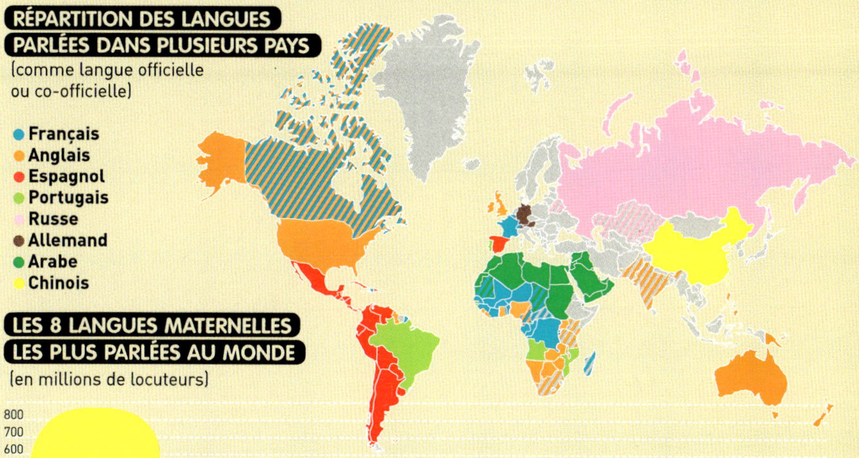

LES 8 LANGUES MATERNELLES LES PLUS PARLÉES AU MONDE
(en millions de locuteurs)

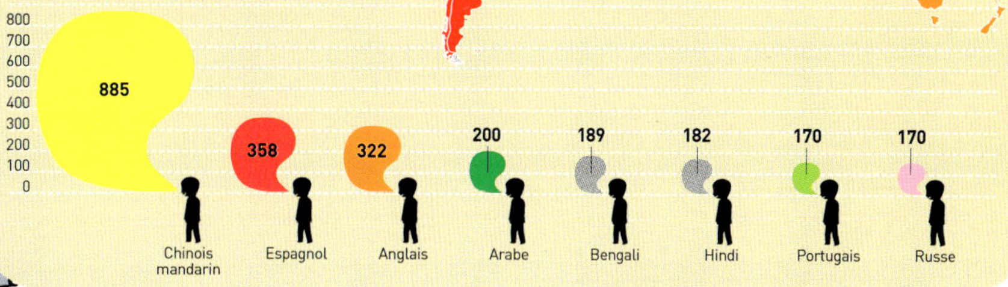

La révolution du progrès

Durant des millénaires, l'homme a cherché à comprendre le monde et à améliorer son confort de vie. Depuis deux siècles, inventions et découvertes se succèdent à un rythme effréné. Les sciences et les techniques avancent à pas de géant.

Le progrès s'accélère !

Si un citoyen romain du Ier siècle avant J.-C. était revenu en Italie au XVIIIe siècle, il n'aurait pas été très surpris. Certes, en dix-huit siècles, la mode aurait changé, mais les manières de fabriquer des outils, de travailler la terre, de construire les bâtiments, de cuire les aliments, de voyager, de communiquer (malgré l'invention de l'imprimerie), de se soigner, ne seraient pas très différentes. En revanche, si un Parisien de 1830 revenait dans sa ville aujourd'hui, il ne s'y retrouverait plus. En deux siècles, surtout dans les cinquante dernières années, les progrès scientifiques et techniques ont transformé la vie des hommes : transports (avions supersoniques, TGV...), communications (téléphone portable, Internet...), médecine (imagerie médicale, ***génétique***, robotique...), vie quotidienne (nouveaux matériaux, équipements électroménagers, surgelés, nouvelles fibres textiles)... Chaque jour apporte son lot d'innovations, et des millions de gens dans le monde (chercheurs, ingénieurs, techniciens) travaillent à de nouvelles inventions.

Les risques du progrès

S'il apporte davantage de bien-être aux hommes, le développement des sciences et des techniques n'est pas sans risques. Risques pour l'équilibre de la nature (VOIR P. 120) ; risques pour l'équilibre des sociétés : en transformant radicalement les manières de travailler, le progrès peut engendrer le ***chômage***, mais aussi être à l'origine du stress de ceux qui ont un travail et doivent tenir

zoom

Fabriquer des humains

Le clonage est une technique qui permet de créer un double d'un être vivant à partir d'une de ses cellules. On a déjà cloné des grenouilles, des souris, des moutons (la célèbre brebis Dolly en 1997…).

En général, les animaux clonés se sont mal développés. Pourtant, certains pensent que les êtres humains pourraient se reproduire par clonage, en particulier les gens qui ne peuvent pas avoir d'enfants. Mais ces pratiques mettent en danger la vie des enfants à naître. Et surtout, leurs partisans oublient que chaque être humain, né de la rencontre de deux cellules différentes, celle d'un homme et celle d'une femme, est unique. Le **clonage reproductif** humain n'est autorisé nulle part et des lois internationales punissent ces dérives, jugées criminelles.

Il y a aussi un **clonage thérapeutique**, destiné à soigner : il s'agit de créer, à partir de cellules vivantes, une réserve de cellules pour remplacer celles qui sont atteintes en cas de graves maladies (comme la maladie d'Alzheimer). Certains pays ont autorisé ces méthodes, d'autres les ont interdites, craignant que l'on n'utilise des embryons humains pour développer les réserves de cellules. L'embryon, premier stade du bébé à naître, ne serait pas considéré alors comme une future personne, mais comme un objet scientifique.

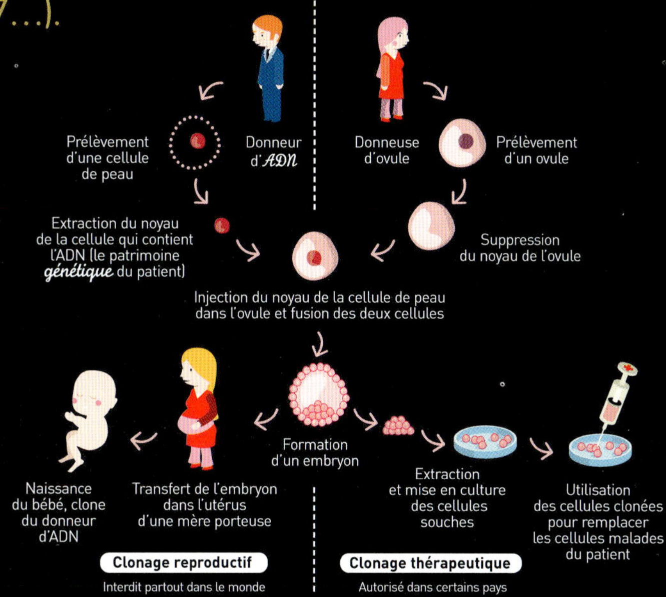

En fait, des chercheurs expliquent qu'il ne s'agit pas de futurs bébés, mais de cellules cultivées en laboratoire. Le débat est ouvert. Des comités de *bioéthique*, composés de médecins, de philosophes et de personnalités religieuses, s'interrogent : faut-il poursuivre ces recherches ?

un rythme de plus en plus rapide ; risques enfin pour l'homme lui-même, car les nouvelles découvertes dans le domaine de la génétique, qui servent à guérir certaines maladies, peuvent aussi entraîner des dérives dangereuses (VOIR 🔍 CI-DESSUS).

Face aux dangers qu'entraînerait un progrès non contrôlé, les scientifiques et les responsables politiques ont adopté l'idée d'un *principe de précaution*, qui oblige à réfléchir aux conséquences de chaque innovation.

Démocratie

Sécurité

2.

Esclavage

Vivre ensemble

Religion

Clonage

Droits des femmes

Identité

Aucun être humain ne peut vivre seul. Comme le disait le philosophe Aristote, au IVe siècle avant J.-C., l'homme est « un animal politique » : il vit en **société organisée.** Il y a bien des façons d'organiser la société humaine et, malheureusement, ce n'est pas toujours sur des principes de **justice et de respect des droits de la personne humaine.** La torture, l'esclavage, le racisme existent encore aujourd'hui… Un régime comme la démocratie, fondé sur **le droit et la liberté,** apparaît comme un bon modèle politique. Mais c'est un régime fragile et qui demande à chaque citoyen des efforts et de l'attention…

Identité et nationalité

Dans un pays, les gens ne sont pas tous semblables. Il y a des hommes, des femmes, des vieux, des jeunes, nés dans le pays ou étrangers… Chacun a ses particularités, qui composent son identité. Malgré ces différences, tous doivent vivre ensemble…

Chacun son identité !

Sur les papiers d'identité (carte d'identité, passeport…) est inscrite l'identité administrative : le nom, le prénom, le sexe, la date et le lieu de naissance, la nationalité… Les papiers sont très importants dans le monde d'aujourd'hui. Ils attestent la reconnaissance de l'identité de chacun par la société. Mais les papiers ne disent pas tout. L'identité, c'est aussi l'histoire de chacun, sa famille, sa culture, la langue qu'il parle. Dans certains cas, des gens se retrouvent sans papiers. Ne pas avoir d'identité administrative est une situation très difficile à vivre (VOIR P. 99).

Des nationalités différentes

Dès sa naissance, chaque être humain a une nationalité, qui le rattache à un pays, qui peut être celui de ses parents (droit du sang) ou celui où il est né (droit du sol). Dans un pays dont on n'a pas la nationalité, on est étranger. Par exemple, un Américain en voyage professionnel à Tokyo est un étranger au Japon. Un touriste turc qui visite Paris est un étranger en France. Un Camerounais qui travaille à Milan est un étranger en Italie. Même si l'on vit pendant plusieurs années dans un autre pays que le sien, on reste un étranger tant que l'on ne prend pas la nationalité de ce pays.

question d'enfant

IMMIGRÉ ET ÉTRANGER, C'EST PAREIL ?

Non, il ne faut pas confondre les deux mots. Un étranger, c'est quelqu'un qui se trouve dans un pays dont il n'a pas la nationalité. Un immigré, c'est un étranger qui vient s'installer dans un pays qui n'est pas le sien. Mais il lui est possible, sous certaines conditions, d'obtenir la nationalité du pays d'accueil : alors il n'est plus un étranger. Cependant, puisqu'il vient d'un autre pays, il reste toujours un immigré. En France, plus d'un tiers des immigrés vivant sur le territoire français sont des Français à part entière. Leurs enfants, quand ils sont nés en France, sont français, mais, eux, ne sont pas des immigrés, puisqu'ils ne viennent pas d'un autre pays.

Nombre d'étrangers dans quelques pays (en pourcentage et en millions d'habitants)

Jules

J'ai 10 ans, je suis français et mes parents aussi. Notre famille vit à Lille depuis quatre générations. Nous ne pratiquons aucune religion. Je parle français, et un peu anglais, car une de mes grands-mères est anglaise.

Tchann

J'ai 11 ans. Mes parents ont quitté le Vietnam pour la France il y a vingt ans et ont obtenu la nationalité française. Nous parlons français, mais mes parents parlent parfois vietnamien entre eux. Nous sommes bouddhistes.

Kébir

J'ai 11 ans et je suis né en Algérie. Mon père est venu en France pour travailler et nous l'avons rejoint quand j'étais petit. Mes parents sont Algériens, et moi aussi. À 16 ans, je pourrai demander la nationalité française. À la maison, nous parlons français et arabe. Nous ne pratiquons aucune religion, mais mes grands-parents sont musulmans.

Peter

J'ai 12 ans, je suis né en France, mais mon père est allemand et je vais très souvent en Allemagne pour les vacances. Je parle les deux langues. La famille de ma mère est catholique et celle de mon père protestante, mais nous ne pratiquons aucune religion.

Aujourd'hui, plus du quart de la population française a au moins un grand-parent d'origine étrangère.

Aminata

J'ai 11 ans, je suis née au Sénégal et j'ai la nationalité sénégalaise. Je suis arrivée en France il y a deux ans avec mes parents. Nous parlons français, mais aussi wolof, comme dans notre pays. Nous sommes musulmans.

Dolorès

J'ai 10 ans. Je suis française. Ma mère vient d'Espagne et mon père du Chili, mais ils vivent en France depuis quinze ans et ont tous deux obtenu la nationalité française. Nous parlons français et espagnol et nous sommes catholiques.

Samuel

J'ai 11 ans. Mes arrière-grands-parents sont venus de Pologne, et ma famille est devenue française en 1920. Nous sommes juifs, mais nous ne pratiquons pas beaucoup notre religion, sauf pour les grandes fêtes. Nous parlons français. Seuls mes grands-parents parlent encore yiddish, la langue des Juifs polonais.

Résider à l'étranger

Pour voyager ou séjourner quelque temps dans certains pays étrangers, il faut obtenir un visa. Mais cela n'autorise pas à y rester longtemps (de trois mois à un an). Si l'on veut vivre et travailler pour une longue durée dans un pays où l'on est étranger, il faut alors obtenir une « carte de séjour », ce qui n'est pas toujours facile… Beaucoup d'étrangers, surtout venant des pays pauvres, arrivent dans les pays riches pour y vivre, parce qu'ils cherchent du travail ou qu'ils fuient l'insécurité de leur pays d'origine (VOIR P. 99) : ce sont des ***immigrés***. Au bout d'un certain temps (cinq ans en France), un immigré peut demander la nationalité du pays d'accueil : s'il l'obtient, on dit qu'il est « naturalisé ».

Vivre avec les autres

Selon la Déclaration universelle des droits de l'homme, « tous les êtres humains naissent libres et égaux en dignité et en droits ». Pourtant, le respect de l'autre et la reconnaissance de ses droits ne sont pas une évidence pour tout le monde…

Accepter l'autre

Quand on se trouve en face d'une autre personne, on se dit souvent : « Il ou elle n'est pas comme moi ». On reconnaît que l'autre est différent. Mais il faut savoir que l'autre, lui aussi, reconnaît cette différence, de son point de vue. Alors, si chacun refuse à ceux qui ne sont pas « comme lui » le droit d'exister, il est bien difficile de vivre ensemble. On passe son temps à s'injurier, à se battre ou, tout simplement, à s'ignorer, chacun restant dans sa bulle…

Or, dans les sociétés humaines, souvent, on traite mal ceux qui ont une identité différente du groupe, qui ont une autre nationalité (VOIR P. 36), une autre religion, d'autres caractères physiques… Ce phénomène de rejet des autres s'appelle la ***discrimination***.

Discriminations en tout genre

Il existe toutes sortes de discriminations et dans tous les domaines : au travail, à l'école, dans les quartiers d'habitation. Les femmes, par exemple, ne se voient pas reconnaître partout les mêmes ***droits*** que les hommes. Les personnes âgées sont parfois considérées comme inutiles, surtout dans les pays riches.

Beaucoup de jeunes ont du mal à trouver une place dans la société (il y a une méfiance « anti-jeunes »). Les handicapés sont souvent mis à l'écart et leurs capacités à vivre en société ne sont pas vraiment reconnues. Les homosexuels ont parfois du mal à se faire accepter.

Dans certains pays, des parties de la population sont maltraitées ou opprimées parce qu'elles appartiennent à des ***minorités :*** les Kurdes en Turquie, les Hmongs au Vietnam, les Indiens du Chiapas au Mexique… On voit ainsi se manifester un sentiment dangereux pour la vie en commun : la xénophobie, ou haine de l'étranger. Des gens proposent même d'expulser hors du territoire national tous les étrangers, comme si leur présence était un danger pour l'identité des habitants du pays.

Racisme et antisémitisme

Les discriminations les plus graves et les plus violentes sont le ***racisme*** et l'***antisémitisme*** – racisme à l'encontre des juifs. Partant de l'idée qu'ils appartiennent à une race supérieure, les racistes cultivent le mépris et la haine des autres. Ils considèrent que la couleur de la peau – ou toute autre caractéristique physique –, les origines, la religion font des autres des êtres inférieurs, et même dangereux.

Dans l'histoire humaine, au nom de théories racistes ou antisémites, des populations entières ont été maintenues dans la misère, réduites en esclavage, persécutées ou exterminées (VOIR P. 41).

Aujourd'hui, même dans les pays ***démocratiques,*** racisme et antisémitisme empoisonnent encore la vie sociale : injures, agressions, menaces, attentats, discriminations à l'emploi >>>

La discrimination, une atteinte aux droits de l'homme ! « Est interdite toute discrimination fondée sur le sexe, la race, la couleur, l'ascendance, les origines ***ethniques*** ou sociales, les caractéristiques ***génétiques***, la langue, la religion, les opinions politiques ou toute autre opinion, l'appartenance à une minorité nationale, la fortune, la naissance, un handicap, l'âge ou l'orientation sexuelle. »
Charte des droits fondamentaux de l'Union européenne

En 2004, des antisémites profanent le cimetière juif de Herrsheim, près de Colmar, avec des graffitis nazis.

>>> ou au logement, interdictions d'entrer dans des boîtes de nuit, profanations des lieux de culte...

Pourquoi tant de haine ?

D'où vient ce rejet de l'autre, qui peut conduire aux pires atrocités ? La première cause, c'est sans doute la peur : on craint bien souvent ce qu'on ne connaît pas et, plutôt que de chercher à le connaître, on l'évite ou on le repousse. De plus, de tout temps, les groupes humains se sont formés par la ressemblance entre individus (on est ensemble parce qu'on est pareils). Celui qui est différent, l'étranger, apparaît comme un ennemi, qui met en danger la cohésion du groupe.

Dans l'Antiquité, quand il y avait un problème au sein d'une société (famine, guerre, épidémie...), on sacrifiait un animal (souvent un bouc), qu'on chargeait de tous ces maux. Sa mise à mort, pensait-on, devait délivrer le groupe des malheurs qui l'accablaient : c'était le « bouc émissaire ».

Dans nos sociétés modernes, c'est bien souvent l'autre, l'étranger, qui joue ce rôle. Il est désigné comme responsable et chassé ou maltraité.

Comment vivre ensemble ?

Le respect de l'autre peut s'exprimer dans les actes les plus simples, les plus quotidiens, à la portée de chacun : sourire, aide mutuelle... C'est ce qu'on appelle la « civilité », qui permet des relations harmonieuses entre les gens, aussi différents soient-ils. Pour vivre ensemble, chacun doit admettre que les autres ne sont pas comme lui, qu'ils ne vivent pas forcément de la même façon, qu'ils n'ont pas la même culture, la même histoire. Comprendre cela, et l'accepter, c'est faire preuve de tolérance. Son contraire, l'intolérance, conduit à la violence et à la haine.

À l'échelle d'un pays, la gentillesse, la politesse et l'esprit de tolérance ne suffisent pas à garantir le respect de chaque personne. En France, comme dans les pays de l'Union européenne, qui sont des *États de droit*, les manifestations de racisme et toutes les discriminations sont punies par la loi (VOIR CI-DESSOUS).

La loi française ne plaisante pas avec le racisme.

	Refus raciste d'embaucher	Refus raciste d'accès à un lieu public	Injures racistes publiques	Provocation à la haine raciale	Menaces racistes
prison	3 ans	5 ans	6 mois	1 an	2 à 7 ans
et/ou					
amende	45 000 euros	75 000 euros	22 500 euros	45 000 euros	30 000 à 100 000 euros

zoom

Quatre siècles de crimes racistes

L'histoire est marquée d'épisodes criminels où la haine et la bêtise, liées au désir de profit ou de puissance, ont provoqué de terribles tragédies humaines.

Esclaves africains sur un bateau négrier en route pour l'Amérique où ils seront vendus.

Traite des Noirs

Entre le XVIIe et le XIXe siècle, près de 12 millions d'Africains sont déportés en bateaux, dans des conditions de voyage abominables, jusqu'aux Antilles et en Amérique, où ils sont vendus comme esclaves. Cette « traite négrière » est organisée par des Européens, qui s'enrichissent avec cet affreux commerce. Auparavant, les Arabes, qui pratiquaient la traite des Noirs depuis le VIIIe siècle, avaient vendu près de 4 millions d'esclaves africains dans les pays méditerranéens.

Marcheurs pour les droits civiques bloqués par l'armée, à Memphis, en 1968. Sur la pancarte, on peut lire : *I am a man* (Je suis un homme).

Ségrégation raciale (États-Unis)

Après l'abolition de l'esclavage (1863), les Américains pratiquent longtemps la ségrégation (séparation) entre les Noirs et les Blancs : des écoles, des hôpitaux, des restaurants, des bus... sont interdits aux Noirs. Des crimes **racistes** sont commis, surtout dans le sud du pays. Il faut attendre 1964 pour que la population noire obtienne les mêmes droits **civiques** que les Blancs, grâce à la lutte organisée par un pasteur noir, Martin Luther King, assassiné par un Blanc raciste en 1968.

Soldats turcs posant devant les Arméniens qu'ils viennent de pendre à Alep en 1915.

Génocide arménien

En 1915-1916, les Turcs de l'Empire ottoman massacrent les Arméniens, peuple qui vivait depuis des millénaires au nord-est de la Turquie actuelle. Les hommes sont assassinés, les femmes et les enfants, déportés vers la Syrie, meurent de faim et de soif quand ils ne sont pas achevés par les armes. Au total périssent les deux tiers des Arméniens de Turquie, environ 1,2 million de personnes. Le gouvernement turc actuel refuse toujours de reconnaître ce **génocide**.

Arrivée d'un convoi de Juifs hongrois au camp d'extermination d'Auschwitz, en juin 1944.

Shoah

Hitler, dont le régime nazi est au pouvoir en Allemagne depuis 1933, programme, au nom de la pureté de la race, la mise à mort des handicapés et des tziganes d'Allemagne. Puis il met en œuvre la destruction de la population juive d'Europe. Entre 1938 et 1944, les Juifs de toute l'Europe sont déportés dans des camps de concentration, soumis à des travaux forcés, puis exterminés dans des chambres à gaz. Leurs cadavres sont brûlés dans des fours crématoires. Six millions de personnes périssent dans ces camps de la mort.

Panneaux en Afrique du Sud : caravanes pour les Blancs, tentes pour les gens de couleur (1984).

Apartheid

En 1948, les Blancs au pouvoir en Afrique du Sud mettent en place une politique de ségrégation raciale : les 36 millions de Noirs du pays, près de dix fois plus nombreux que les Blancs, sont maintenus dans des quartiers séparés et n'ont aucun accès à l'éducation, à la culture et aux richesses, réservées aux seuls Blancs. Ce régime raciste prend fin en 1994, quand l'Afrique du Sud devient un pays **démocratique**. Nelson Mandela, leader noir de la résistance à l'apartheid, est élu premier président de cette nouvelle Afrique du Sud.

Convoi de réfugiés fuyant les massacres serbes en Bosnie-Herzégovine (mars 1993).

Purification ethnique

En 1992, les Serbes de l'ex-Yougoslavie, sous la direction de Milosevic, veulent éliminer du pays tous ceux qui ne sont pas serbes. Ils pratiquent ce qu'ils appellent la « purification ethnique » : ils massacrent les hommes de villages entiers, et ils violent les femmes, avec l'idée délirante que les enfants qui naîtront de ces viols seront des Serbes. Les rescapés fuient leurs villages dans des conditions épouvantables.

Camp de réfugiés tutsis au Rwanda en mai 1994.

Massacre au Rwanda

La population de ce pays d'Afrique est composée de deux **ethnies**, les Hutus et les Tutsis. La Belgique, puissance **coloniale**, avait favorisé ces derniers. Après l'indépendance, en 1962, les Hutus prennent le pouvoir et le gouvernement cultive la haine contre les Tutsis. En 1994, le président rwandais (hutu) est victime d'un attentat. Poussés par les slogans haineux d'une radio créée par des extrémistes hutus, une partie des Hutus massacrent les Tutsis. Ce déchaînement de violence cause 800 000 morts en trois mois.

Le modèle démocratique

En offrant à chacun la liberté d'exprimer librement son opinion et de voter, la démocratie, gouvernement du peuple (*dêmos*, en grec), est par excellence le régime qui permet à tous les citoyens de participer à la vie politique de leur pays.

Un pouvoir partagé

Comparée aux autres régimes politiques, la ***démocratie*** se caractérise d'abord par la liberté. Les ***citoyens*** d'une démocratie ne sont pas soumis à un gouvernement autoritaire, qui exercerait son pouvoir par la violence ou la terreur, ferait des lois à son profit, rendrait la justice selon son seul intérêt. Ils élisent ceux qui les gouvernent, et les élus ont des comptes à rendre à leurs électeurs. Si ces derniers ne sont pas contents, ils voteront pour d'autres aux élections suivantes ! La règle de la démocratie, c'est celle de la majorité : sont élus ceux qui ont obtenu le plus grand nombre de voix. Bien sûr, ceux qui sont en minorité ne sont pas satisfaits, mais ils savent qu'en démocratie, ils peuvent espérer gagner aux prochaines élections… et que l'opposition a le droit de se faire entendre.

Manifestation anti-nucléaire à Strasbourg en 2003. En démocratie, manifester est un moyen d'exprimer son désaccord.

Les contre-pouvoirs

Tout citoyen peut s'exprimer et s'associer à d'autres pour manifester son désaccord, pour demander des changements. Il peut adhérer à un parti politique, à un ***syndicat***, à une association. Il peut écrire dans les journaux, prendre la parole en public, participer à des débats.

Face au pouvoir en place se créent alors des « contre-pouvoirs », qui contrôlent et limitent ses actions. Ces organisations forment la « société civile ». Celle-ci joue

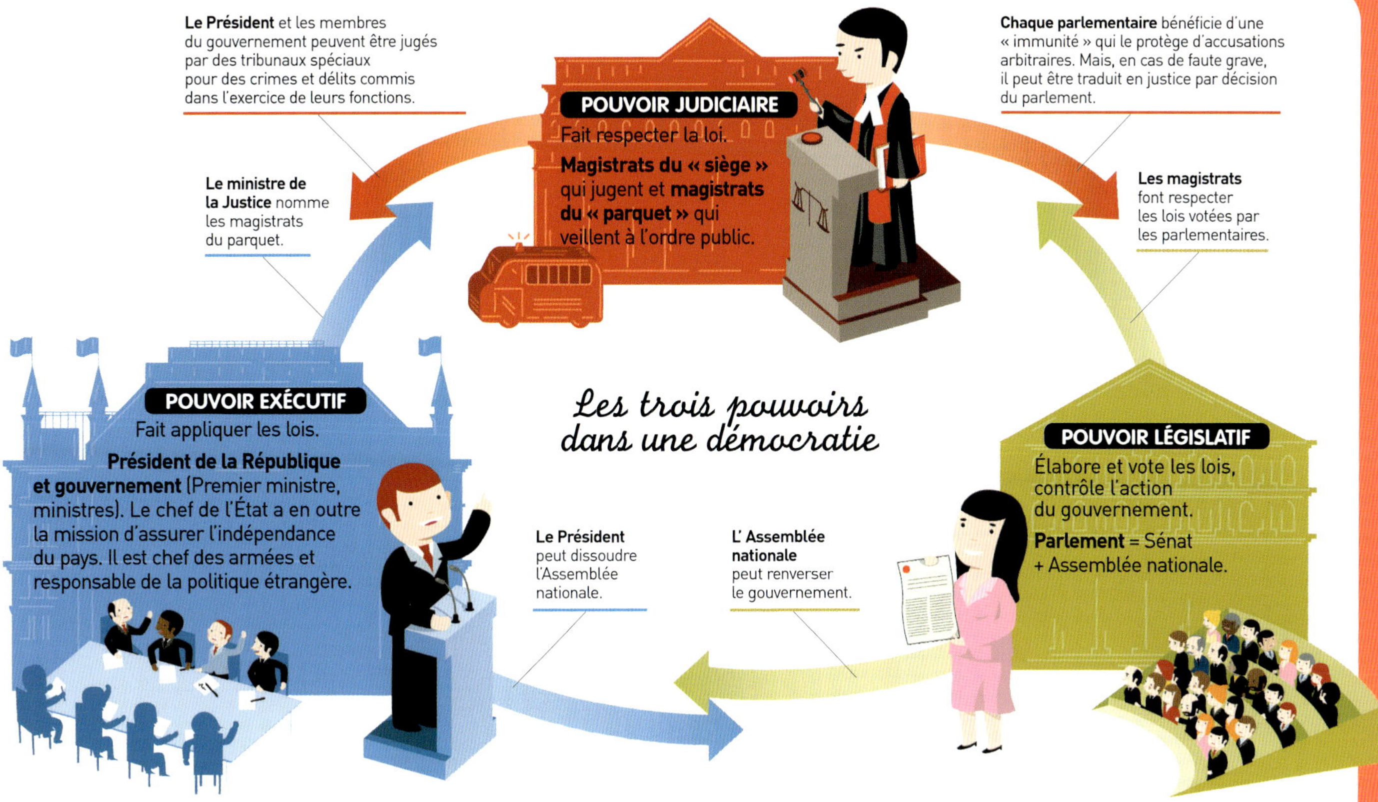

un rôle très important dans la vie démocratique. Elle peut pousser le gouvernement à faire de nouvelles lois pour répondre à la volonté des citoyens. En France, par exemple, c'est à sa demande que le Pacs a été institué pour donner des droits à des couples non mariés, du même sexe ou non.

info +

LA SÉPARATION DES POUVOIRS

Pour protéger les citoyens contre un éventuel *abus de pouvoir* des dirigeants, les États démocratiques ont opté pour une séparation des pouvoirs. Les lois sont élaborées par les représentants du peuple, élus par lui, qui forment le *parlement* : c'est le pouvoir législatif. Le président de la République en France ou au Brésil, le chancelier en Allemagne, le Premier ministre en Angleterre, en Italie ou au Japon, sont élus et gouvernent en veillant à l'application des lois : c'est le pouvoir exécutif. À côté de ces deux pouvoirs politiques, les magistrats ont en charge la justice : c'est le pouvoir judiciaire. Dans une démocratie idéale, ces trois pouvoirs sont indépendants les uns des autres, mais chacun d'eux a pour mission de contrôler les deux autres.

Des institutions pour tous

Faire fonctionner une société où chacun est libre, mais où l'on doit vivre tous ensemble, c'est compliqué ! Dans un pays démocratique, la vie politique et sociale est soumise à des lois établies par des représentants que les citoyens ont eux-mêmes élus. Des *institutions* sont créées par les lois pour organiser la vie dans le pays. Ainsi, le *suffrage universel*, l'école gratuite et obligatoire, la séparation des pouvoirs (voir Info +) sont des institutions démocratiques au service de tous.

De fausses démocraties

Certains pays peuvent sembler parfaitement démocratiques : on vote pour ses représentants, des lois sont censées garantir les droits de chacun. Dans les faits, il n'y a aucun partage du pouvoir et aucune égalité devant la loi. Ces « fausses » démocraties >>>

Apprendre à voir et comprendre le monde : enseignement du multimédia dans une école de Touraine.

>>> camouflent un pouvoir autoritaire. Les élections sont truquées ou bien les gens votent sans avoir vraiment la possibilité de choisir. Les seuls partis politiques qui ont le droit d'exister sont d'accord avec le pouvoir. Les opposants, accusés de mettre en danger l'unité du pays, ne sont pas autorisés à s'exprimer et sont parfois mis en prison, pour de prétendues « atteintes à l'État ». Les lois ne s'appliquent que pour protéger les droits des amis des dirigeants, les autres gens sont privés de tous moyens de se défendre quand leurs propres droits sont bafoués. Bon nombre de ***dictatures***, notamment en Afrique, se cachent ainsi sous le masque de la démocratie (VOIR P. 100).

Un régime fragile

La démocratie est un défi permanent. Fondée sur le respect des ***droits de l'homme***, elle vise à assurer à chacun la liberté, la justice et un bien-être partagé. Mais face à l'idéal démocratique se dressent bien des obstacles.

D'abord, cet idéal exige des citoyens un vrai sens ***civique*** : une connaissance et une acceptation des lois communes, un respect de la volonté générale. Ce qui suppose d'être éduqué. L'enseignement doit donc être une priorité dans un pays démocratique.

Ensuite, si chacun est libre d'exprimer son opinion, il faut aussi savoir débattre pacifiquement, sans agresser celui qui n'est pas d'accord avec soi. Lutter contre la violence par la violence serait contraire aux règles démocratiques.

Enfin, chacun attend d'un régime démocratique une amélioration de la vie quotidienne et une solution aux problèmes d'exclusion sociale. En cas d'échec, il risque d'être remplacé par un régime autoritaire. L'histoire enseigne que les dictateurs ont vite fait de profiter du mécontentement général pour imposer un pouvoir tyrannique (VOIR P. 16). Il n'y a pas de démocratie parfaite, mais c'est le seul régime « ouvert », qui peut être amélioré, avec la volonté de tous.

Principaux modes d'élection en France

Scrutin majoritaire à deux tours :
Au premier tour, il y a plusieurs candidats. Si aucun ne recueille la majorité absolue (50 %), on organise un second tour, avec les deux candidats ayant obtenu le plus de voix.
Élections : présidentielles, législatives...

Scrutin proportionnel :
On ne vote pas pour des candidats, mais pour des listes. Chaque liste aura droit à un nombre d'élus proportionnel au nombre de voix qu'elle aura obtenues.
Élections : régionales, européennes...

Scrutin mixte :
On vote pour des listes, mais c'est la liste qui obtient la majorité absolue (au premier ou au second tour) qui l'emporte (pas de proportionnelle).
Élections : municipales...

zoom

La démocratie américaine

Les institutions américaines, fondées sur la Déclaration d'indépendance de 1776 – le premier texte sur les droits de l'homme –, sont parfaitement démocratiques. Mais les États-Unis, commes les autres démocraties, ne sont pas à l'abri de certaines dérives.

Jusqu'en 1964, les Noirs, descendants des esclaves amenés d'Afrique à l'époque de la traite, étaient privés de tous les droits *civiques*. Des lois prescrivaient une *discrimination* raciale comparable à l'apartheid en Afrique du Sud (VOIR P. 41). Grâce à la lutte non violente menée par Martin Luther King, ces lois ont été abolies. Mais la population noire (12 % de la population du pays) reste la plus atteinte par le *chômage* et la misère sociale qui règnent dans certains quartiers, malgré la richesse du pays.

Les États-Unis sont une des rares démocraties du monde à appliquer la peine de mort (VOIR P. 49). En prison, les conditions de vie sont souvent insupportables et sans cesse dénoncées par les militants des *droits de l'homme*. Et la proportion de Noirs y est bien plus élevée que celle des Blancs ; particulièrement dans les sinistres « couloirs de la mort », où les condamnés attendent, des années durant, leur exécution : 3 500 personnes y sont enfermées dans les différentes prisons du pays.

New York, Harlem ouest.

Manifestation contre la peine de mort au Texas (2000).

Les deux candidats à l'élection présidentielle (2000).

L'armée américaine entre dans Tikrit, en Irak (2003).

La vie politique américaine est rythmée par des élections et, tous les 4 ans, par l'élection présidentielle, qui ne se fait pas directement : les *citoyens* élisent d'abord des « grands électeurs » qui, eux, éliront le président. Ce système est parfaitement démocratique, mais le mode de décompte des voix a pu donner lieu à des manipulations, comme lors de l'élection de George W. Bush, en 2000 : en nombre de voix, son adversaire, Al Gore, l'emportait, mais c'est Bush qui a été élu.

Depuis les attentats du 11 septembre 2001, la politique extérieure des États-Unis échappe à toutes les règles internationales. Si l'attaque contre l'Afghanistan en 2002 a été lancée avec l'accord de l'Onu – comme c'est la règle pour tout État membre –, en revanche, l'invasion de l'Irak en 2003 s'est faite au mépris des accords et traités internationaux. En outre, la façon dont George W. Bush et son gouvernement ont justifié cette opération militaire auprès de la population américaine peut surprendre...

La vie citoyenne

Quand on a la nationalité d'un pays, on est citoyen de ce pays. Dans les démocraties, les citoyens participent à la vie politique en votant et en exprimant librement leurs opinions. Mais la vie citoyenne entraîne aussi des obligations.

Des droits…

En ***démocratie***, toute personne vivant sur le territoire a le droit de circuler et de s'exprimer librement. Elle a aussi droit à l'éducation, à la santé, à la sécurité et à un revenu minimum. En tant que ***citoyen***, dès qu'on est majeur, on obtient en outre des « droits civiques » qui donnent le droit de voter pour ses représentants et de se présenter à des élections. Cependant, on peut se conduire en citoyen avant l'âge de la majorité. Certes, on ne vote pas, mais en participant à la vie collective, dans son établissement scolaire ou dans des associations, on fait preuve de citoyenneté.

… mais aussi des devoirs

Dans tous les pays, on a besoin de ***services publics*** (administration, transports, écoles, hôpitaux…), et c'est à l'État d'en assurer le bon fonctionnement. Mais l'éducation, la santé, la sécurité… coûtent cher. Pour financer ces dépenses, il faut remplir les caisses de l'État. Comment ? Avec les ***impôts*** ! C'est un devoir pour le citoyen que de payer ses impôts. Un autre devoir est de respecter les lois, c'est-à-dire les règles communes que l'on s'est données. Si on ne le fait pas, on s'expose à des sanc-

question d'enfant

EST-CE QU'ON EST OBLIGÉ DE VOTER ?

En France, voter est un droit, pas un devoir. Chaque citoyen peut donc s'abstenir de participer aux votes. L'***abstention*** peut être un acte citoyen : on refuse de voter, par exemple, si l'on n'est d'accord avec aucun des candidats à une élection ou si l'on pense que le ***référendum*** ne pose pas une bonne question. Mais elle témoigne parfois d'un manque de ***civisme*** : on préfère partir en week-end plutôt que d'aller déposer son bulletin dans l'urne ! On fait alors passer son intérêt particulier (son confort, son plaisir) avant l'intérêt général. Dans le monde, quelques pays démocratiques (Belgique, Grèce, Luxembourg, Australie, Turquie, Costa Rica, Brésil, Danemark) ont instauré le vote obligatoire et l'abstention y est sanctionnée par une amende : si on n'est d'accord avec aucun candidat, on doit quand même se déplacer pour mettre un bulletin blanc dans l'urne.

Le droit de vote pour les femmes (année d'obtention)

LES SERVICES PUBLICS

Certains relèvent directement de l'État ou des collectivités locales, d'autres sont effectués par des organismes privés à qui l'État confie la mission de satisfaire les citoyens consommateurs.

tions : privation des droits civiques, amendes, prison (VOIR P. 49).

Une conquête démocratique

Le ***suffrage universel*** (le droit de voter pour tous les citoyens) a mis longtemps à se mettre en place. En France, le pays de la Révolution et des ***droits de l'homme***, il n'a été institué qu'en 1848, et pour les hommes uniquement ! Avant, il fallait justifier d'un certain niveau de fortune et payer une certaine somme, le « cens », pour pouvoir s'inscrire sur les listes électorales.

Le vote des étrangers

Les étrangers vivant dans un pays n'ont en principe pas le droit d'y voter, puisqu'ils ne sont pas citoyens. Mais ils participent à la richesse de la nation et paient des impôts locaux à l'endroit où ils habitent. Pourquoi ne voteraient-ils donc pas aux élections municipales ? En 2000, un accord est passé entre pays de l'Union européenne : les étrangers venant de pays de l'Union ont désormais le droit de participer à ces élections. À quand ce droit pour les étrangers qui viennent de pays hors Union (notamment les ***immigrés*** du Maghreb et d'Afrique noire) ? En France, contrairement à certains pays européens (Suède, Norvège, Pays-Bas, Danemark), la loi concernant ce droit n'a toujours pas été approuvée par le ***parlement***.

Être citoyen en France

30 ans

On peut être candidat aux élections sénatoriales pour devenir sénateur.

23 ans

On peut se présenter aux élections législatives pour devenir député. On peut aussi être candidat à la présidence de la République.

18 ans

On peut voter et se présenter aux élections municipales pour devenir maire ou conseiller municipal.

16 ans

On peut s'inscrire sur les listes électorales (il faut être inscrit pour voter mais aussi pour être candidat à une élection).

Sécurité et délinquance

Dans chaque pays, en principe, les lois sont là pour assurer l'ordre et protéger les habitants contre la violence. Encore faut-il que chacun respecte ces lois. Et ce n'est pas toujours le cas. Il faut alors appliquer des sanctions…

Hors la loi

Même dans un pays ***démocratique***, où les lois sont faites pour et par le peuple, certains enfreignent les règles communes : ils commettent des infractions. En France, le code pénal distingue les contraventions (excès de vitesse, piratage de musique sur Internet…), qui relèvent du tribunal de police, les délits (racket, vol…) du tribunal correctionnel, et les crimes (viol, meurtre…) de la cour d'assises.

Si certains de ces actes sont commis par des individus isolés ou de petites bandes, d'autres sont le fait de véritables organisations. Ainsi, les mafias en Italie, les gangs aux États-Unis, le « milieu » en France, les « patrons de la drogue » en Amérique du Sud, les yakusas au Japon, les triades de Hong Kong constituent des sociétés parallèles, hors du droit, et vivant selon leurs propres règles fondées sur la violence et la loi du plus fort.

Un agent des douanes découvre 4 tonnes de résine de cannabis à bord d'un camion-citerne censé transporter des céréales (Perpignan, 2005).

Police et tribunaux

Pour faire respecter la loi, chaque État dispose d'une police et d'un système judiciaire qui sont chargés de poursuivre, condamner et punir les ***délinquants.*** Dans les pays démocratiques, les policiers et les juges sont tenus eux aussi de respecter la loi : leurs pouvoirs sont limités par le droit. Quant aux délinquants, ils ont des droits, notamment celui de se faire défendre par un avocat. Ce qui n'empêche pas qu'il y ait parfois des abus et des « bavures » : violences policières, condamnations injustes…

Pour lutter contre les puissants réseaux mafieux, qui disposent de ramifications internationales, les polices des différents pays doivent collaborer entre elles et avec les organisations internationales.

Contre le crime organisé

Interpol (Organisation internationale des polices criminelles). Créée en 1914, cette organisation réunit des informations et coordonne des opérations policières pour ses 182 États membres. Son siège est à Lyon.

ONUDC (Office des Nations Unies contre la Drogue et le Crime). Ce département de l'Onu centralise la lutte contre le crime organisé au niveau international. Son siège est à New York.

Europol (Office européen de police). Créé en 1992, ce bureau aide les États de l'Union européenne à coopérer dans la prévention et la lutte contre le crime international organisé. Son siège est à La Haye.

La peine de mort en question

Dans l'histoire des hommes, la mise à mort a été longtemps la sanction des crimes graves, notamment des meurtres. Le principe était le suivant : « celui qui a tué doit être tué ». Et on pensait aussi que la peur de mourir dissuaderait les éventuels criminels. Or, il n'y a pas plus de meurtres dans les pays où la peine de mort a été abolie ! Surtout, c'est une sanction irréversible (on ne ressuscite pas les morts), et il est arrivé que des innocents soient exécutés pour des crimes qu'ils n'avaient pas commis. On s'est rendu compte que c'était la société tout entière qui devenait meurtrière à son tour en mettant à mort un être humain, même meurtrier. C'est donc par respect de la vie humaine que de nombreux pays, dont la France en 1981, ont aboli la peine de mort. Le maintien de la peine « capitale » dans certains pays (États-Unis, Iran Chine, Arabie Saoudite...) peut être considéré comme une atteinte aux *droits de l'homme.*

zoom La prison : une sanction adaptée ?

Aujourd'hui, les infractions les moins graves sont punies par des amendes. Dès qu'elles sont un peu plus graves, l'emprisonnement est la sanction la plus courante. Or, dans les pays démocratiques, beaucoup de gens remettent la prison en question.

Une sanction peu efficace

Les conditions de vie dans les prisons sont si mauvaises (surpopulation, hygiène déplorable, soins insuffisants en cas de maladie) qu'il est impossible aux détenus de réfléchir à leur responsabilité ou d'imaginer un changement de vie. La prison est même souvent appelée « l'école du crime » : les plus faibles y sont détruits et les plus forts exercent leur violence contre les autres. De plus, six détenus libérés sur dix récidivent : après leur sortie de prison, ils commettent un nouvel acte de ***délinquance***.

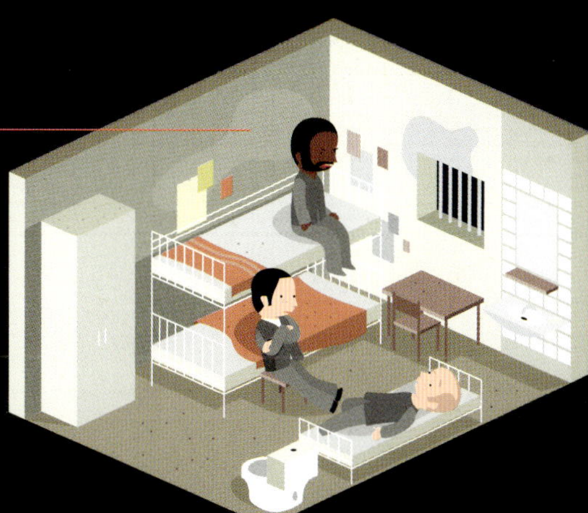

Débats autour du « bracelet électronique »

En France, des centaines de personnes condamnées par la justice à des peines de liberté surveillées portent un bracelet électronique. Cela ressemble à une grosse montre qui contient un émetteur en relation avec un centre de surveillance. En décembre 2004, le ***parlement*** français a voté une loi qui oblige les criminels les plus dangereux à porter ce bracelet pendant vingt ou trente ans après leur sortie de prison ; une façon de les surveiller pour qu'ils ne récidivent pas. Mais tout le monde n'est pas d'accord avec cette loi : certains estiment qu'il s'agit d'une « double peine », puisque ces criminels ont déjà accompli leur peine en prison !

Des alternatives à la prison

Les responsables de la justice, notamment dans les pays de l'Union européenne, réfléchissent à d'autres sanctions : travaux d'intérêt général (le délinquant doit travailler au service de la collectivité), réparation (le coupable doit rembourser l'objet volé ou dégradé) ou encore peine de liberté surveillée.

Droits de l'homme en danger

L'idée des droits de l'homme, née au XVIIIe siècle, est devenue une valeur universelle, à laquelle se réfèrent les États démocratiques et les organisations internationales. Mais ils ne sont pas respectés partout.

Des États répressifs

Dans certains pays, le régime politique n'accorde aucune liberté aux ***citoyens*** (VOIR p. 16). Ils n'ont pas le droit de s'exprimer, de circuler à l'intérieur ou à l'extérieur du pays, de former des associations. La presse est censurée, les journalistes sont persécutés et les opposants politiques réduits au silence. Tous ceux qui désobéissent sont gravement punis : emprisonnement et condamnation sans procès, détention dans des conditions terribles, tortures, exécution sans jugement.

La plupart des pays du monde ont des lois fondées sur les ***droits de l'homme***, mais, dans un certain nombre d'entre eux, ces lois sont constamment bafouées par les pouvoirs en place. Par exemple, si l'on manifeste son désaccord avec le gouvernement, on est accusé de troubler la sécurité du pays, et à ce titre on est emprisonné et même condamné à mort. Ces pays ne sont pas des ***États de droit***, et les lois servent plus >>>

info +

INTERDIT D'ÊTRE UN HUMAIN !

Dans l'Antiquité, les esclaves n'étaient pas considérés comme des hommes à part entière, et dans l'histoire, des sociétés ont refusé de reconnaître à certains hommes le droit d'exister pleinement comme êtres humains. Les lois elles-mêmes imposaient des marques de ***discrimination.*** En France, on tatouait les galériens, aux États-Unis et aux Antilles, on marquait au fer rouge les esclaves rebelles et, pendant la Seconde Guerre mondiale, on a fait porter une étoile jaune aux Juifs. « Interdit aux Juifs », « interdit aux Noirs », « réservé aux Blancs » : voilà ce qu'on pouvait lire respectivement dans l'Allemagne nazie, aux États-Unis jusqu'en 1960 ou dans l'Afrique du Sud de l'apartheid, dans les transports en commun, dans certains magasins ou lieux publics.

Discrimination

Discrimination raciale
Au nom d'une prétendue différence raciale, on interdit l'accès à un emploi, un logement ou une boîte de nuit...

Persécution des minorités
À cause de leur différence (langue, religion), certains groupes subissent des violences de la part des autres habitants d'un pays.

Violences faites aux femmes
Partout dans le monde, les femmes sont victimes de la violence masculine ; dans certains pays, les hommes ont tous les droits sur elles.

Près de 7 millions de personnes s'entassent dans les 2 000 bidonvilles (ou *favelas*) de São Paulo, la ville la plus riche du Brésil.

La traite humaine

rapporte **15 milliards de dollars par an** aux trafiquants : **3 fois** le budget annuel de la ville de Paris.

250 millions d'enfants

dans le monde travaillent, soit **1 enfant sur 12.**

30 millions de personnes

dans le monde exercent un travail clandestin.

1,5 milliard d'humains

vivent en dessous du seuil de pauvreté (moins d'1 euro par jour).

622 médias

ont été censurés en 2004.

Répression politique

Censure des médias
Les journaux, radios ou chaînes de télé sont contrôlés par le pouvoir, des journalistes ou des internautes sont arrêtés et emprisonnés.

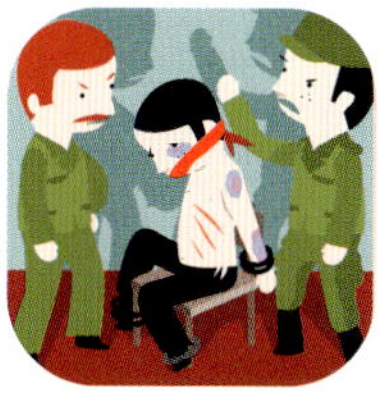

Torture
Les prisonniers sont soumis à des traitements inhumains pour les humilier et les faire parler.

Exécution sommaire
Des opposants politiques sont condamnés à mort sans jugement, sans droit à la défense.

>>> à réprimer qu'à protéger les populations. Dans d'autres pays, la discrimination est la loi et une partie de la population (*minorités*, *immigrés*...) est dépourvue de droits fondamentaux : pas d'école pour les enfants, pas de possibilité de se faire soigner, pas le droit de pratiquer sa religion, de parler sa langue.

Des enfants travaillent dans une fabrique de briques en Irak (2004).

Des conditions de vie misérables

Dans certains pays, la majorité de la population vit dans la plus grande pauvreté, soit parce que le pays est très pauvre, soit parce que ses richesses sont accaparées par un petit groupe. Quand on gagne à peine de quoi survivre ou qu'on est au *chômage*, quand on a du mal à trouver à se loger, on n'a pas de temps pour faire des projets d'avenir, éduquer ses enfants qui, du jour au lendemain, peuvent se retrouver à la rue. Le sort de ces populations plongées dans la misère est une grave atteinte aux droits de l'homme (VOIR P. 90).

Le poids des traditions

Il y a des sociétés où les habitudes de vie n'ont pas évolué depuis longtemps. Dans ces sociétés traditionnelles, certaines valeurs sont étrangères aux droits de l'homme, notamment la place réservée aux femmes et aux enfants (VOIR P. 139). On y considère la femme comme un être inférieur, qui doit être soumis à l'autorité d'un père, d'un frère ou d'un mari. Elle n'a pas le droit d'exister par elle-même. Souvent mariée sans son consentement avec un homme qui aura sur elle droit de vie ou de mort, elle subit des punitions terribles en cas de désobéissance ou d'infidélité (brûlures, lapidation...). Destinées à servir à l'intérieur de la maison, les filles n'ont souvent pas le droit de poursuivre des études : en Asie du Sud, dans les pays les plus pauvres d'Afrique et dans certains pays arabes, une femme sur deux ne sait ni lire, ni écrire (VOIR P. 134).

Par ailleurs, dans les familles pauvres de certains pays, il est courant de faire travailler les enfants : c'est souvent nécessaire à l'économie familiale. Mais cette pratique est contraire aux droits de l'homme. Les enfants travaillent dans des conditions parfois très dures et, faute d'être protégés par la loi, ils sont exploités par des patrons sans scrupules. Sans éducation scolaire, ils sont privés de tout espoir de s'en sortir.

Traite humaine

Esclavage
Dans certains pays, des êtres humains sont considérés comme la propriété d'autres hommes, qui peuvent les maltraiter.

Travaux forcés
Des êtres humains sont exploités dans des conditions de travail abominables. Par exemple, dans les mines en Chine.

Prostitution organisée
Des femmes, croyant échapper à la misère, sont exploitées par des réseaux criminels qui les obligent à vendre leur corps.

Des guerres dévastatrices

Les populations civiles prises dans les conflits (VOIR P. 80) se retrouvent souvent dans des situations de non-droit : le droit ne sert plus à rien. Soumis à toutes les violences, chassés de leurs lieux d'habitation, dépourvus de ressources, des millions de gens vivent dans des camps de *réfugiés*. Ou bien, fuyant les campagnes où ils ne peuvent pas vivre en sécurité, ils s'entassent dans des *bidonvilles* insalubres autour des grandes villes (VOIR P. 12). La guerre est une catastrophe humaine, dont les femmes et les enfants sont aussi les victimes. Depuis une vingtaine d'années, certaines armées enrôlent de force des « enfants soldats », qui, tout jeunes, sont contraints à participer directement aux violences de la guerre (VOIR P. 71).

La traite d'êtres humains

Profitant de la détresse de millions de gens, des réseaux internationaux de passeurs et de trafiquants se font payer très cher pour faire *émigrer* clandestinement des hommes et des femmes dans les pays riches, en leur faisant croire qu'ils y trouveront du travail et une vie convenable. Transportés comme du bétail, entassés dans des camions, des bateaux, des soutes d'avion, certains >>>

question d'enfant

EXISTE-T-IL DES DROITS PARTICULIERS POUR LES ENFANTS ?

Les enfants sont des personnes à part entière et, à ce titre, disposent des droits humains comme les adultes. Mais ils sont plus fragiles et dépendent des grandes personnes pour vivre. Aussi, en 1989, dans le cadre de l'Onu, 192 pays ont signé la Convention des *droits de l'enfant*. Ils s'engagent ainsi à protéger et à respecter les enfants, à leur garantir la santé et l'éducation, afin qu'ils puissent grandir dans les meilleures conditions. Malheureusement, ces engagements ne sont pas toujours tenus.

Des émigrés clandestins venant d'Afrique arrivent aux Canaries (Espagne) en 2003.

info +

LES DROITS DES FEMMES

Les femmes représentent la moitié de l'humanité mais restent dominées par les hommes. Selon l'Onu, elles accomplissent les deux tiers du travail humain, mais ne gagnent que 10 % des revenus et ne possèdent que 1 % des biens (maisons, voitures...). Depuis 50 ans, les droits des femmes ont certes fait des progrès, en grande partie grâce aux luttes des mouvements féministes. Mais dans certains pays, elles sont encore privées de leurs droits à la liberté, à la santé, à l'éducation, souvent à cause des traditions religieuses.

>>> meurent au cours du voyage, d'autres se font arrêter à la frontière. Ceux qui réussissent à passer se retrouvent sans papiers, sans droits et sans aucune protection, à la merci de gens qui les font vivre et travailler comme des esclaves.

Pire encore, femmes et enfants sont enlevés et vendus pour la *prostitution* ou la mendicité dans les villes des pays riches. Devenus des marchandises, ils rapportent d'énormes profits : les trafics humains sont la troisième source de revenus des organisations criminelles dans le monde, après la contrebande d'armes à feu et le trafic de *drogue*.

Femmes afghanes vêtues de la burka, à Kaboul, en 2004.

Et dans les démocraties ?

Même dans les *pays développés* et démocratiques, comme les pays européens ou les États-Unis, une partie de la population vit dans des conditions très difficiles, sans ressources suffisantes pour pouvoir se loger, se nourrir correctement ou s'occuper de l'éducation des enfants. Cette exclusion sociale et économique est aussi une atteinte aux droits de l'homme (VOIR P. 108).

Par ailleurs, si, en *démocratie*, la loi interdit le travail des enfants et le travail clandestin des *sans-papiers* amenés par des passeurs, certains patrons trouvent le moyen de la détourner. En France, par exemple, le travail clandestin des enfants est en augmentation depuis une dizaine d'années, et on estime à plusieurs milliers les enfants de moins de 16 ans employés de façon illégale dans des ateliers.

Dans les pays démocratiques, les femmes disposent des mêmes droits que les hommes, mais en fait elles n'ont toujours pas obtenu la *parité* des *salaires* et du pouvoir politique ou économique. En dépit des lois destinées

Pauvreté

Sous-alimentation
Une partie de l'humanité n'a pas de quoi se nourrir suffisamment. Les enfants sont les principales victimes de la famine.

Privation d'éducation
100 millions d'enfants, dont 60 % sont des filles, ne vont pas à l'école en Afrique subsaharienne, en Asie du Sud et dans les pays arabes.

Privation du droit à la santé
Parce que le dispensaire est trop éloigné, parce que les soins sont trop chers, on ne peut pas se soigner.

à les protéger, femmes et enfants sont encore trop souvent victimes de violences familiales : en France, soixante femmes et cent cinquante enfants meurent chaque année après avoir été battus. En 2003, le gouvernement français a mis en place un Observatoire de l'enfance maltraitée. Mais ces violences sont très difficiles à contrôler car elles ont lieu le plus souvent en privé, dans les familles...

La peine de mort est une autre violation de ces droits. Pourtant, certaines démocraties continuent à l'appliquer, et non des moindres : le Japon et les États-Unis (VOIR P. 49).

zoom Droits de l'homme : nouvelles questions

Les progrès fantastiques de la médecine garantissent une meilleure santé pour les habitants de la planète. Mais les applications qui en sont faites doivent respecter les droits de l'homme.

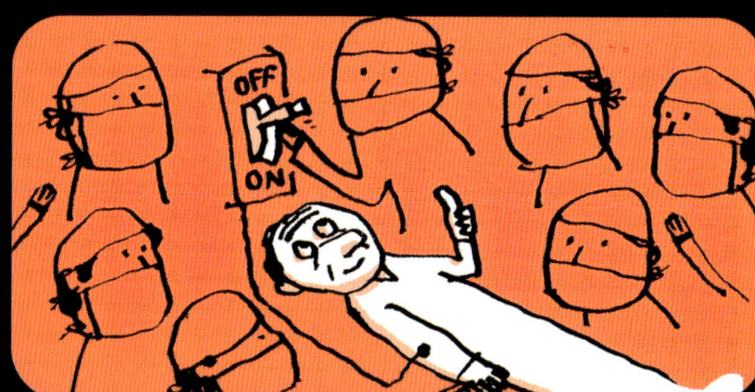

LA GÉNÉTIQUE

Aujourd'hui, on sait soigner certaines maladies en intervenant sur les embryons avant la naissance. Mais ces « manipulations génétiques » peuvent entraîner des dérives dangereuses pour les *droits de l'homme*. Ainsi, certains chercheurs proposent de modifier des gènes afin d'améliorer l'espèce humaine, ou encore de cloner l'homme pour le reproduire à l'identique (VOIR P. 33), ce qui constituerait un grave danger pour la personne humaine, transformée en objet fabriqué. Que deviennent l'identité de l'être humain, sa liberté, le respect de sa personne, quand on peut le trafiquer ?

Pour répondre à ces questions, des savants, des hommes politiques et des *citoyens* ont formé des comités de *bioéthique*. Ils demandent que des lois internationales réglementent la recherche en biologie, selon le *principe de précaution*.

L'EUTHANASIE

Les progrès de la médecine posent un autre problème : l'euthanasie. Actuellement, on dispose, dans les *pays développés*, de moyens extraordinaires pour prolonger la vie des hommes, même lorsqu'ils sont très malades et souffrants. Et parfois, le seul moyen de mettre fin à ces souffrances est d'aider les gens à mourir.

Mais les droits de l'homme sont basés sur le respect de la vie humaine. Est-ce qu'on peut, sans les bafouer, abréger la vie d'autres humains ? C'est une question morale très grave, qui demande que chacun y réfléchisse sérieusement. Dans les pays *démocratiques*, le débat est ouvert au *parlement* et dans la société. Certains pays (Danemark, Pays-Bas, Belgique) ont déjà voté des lois autorisant l'euthanasie sous un contrôle médical très strict.

Agir pour les droits de l'homme

Grâce à l'Onu et à différentes Organisations Non Gouvernementales (ONG), les droits de l'homme ont progressé depuis 50 ans. Des hommes et des femmes, bons connaisseurs des sociétés, experts en géopolitique, responsables et militants des droits de l'homme, mènent des **enquêtes** dans tous les pays du monde afin de contrôler le respect de ces droits. Ils dénoncent leurs **violations** et veillent à l'application de **sanctions.** Un acteur très important de cette défense des droits de l'homme est **l'opinion publique internationale**. Aujourd'hui, grâce aux médias et à Internet, tout le monde est informé des graves problèmes humains qui subsistent. Et de plus en plus de gens refusent de voir la misère, l'injustice et la violence régner sur la planète.

LES ORGANISATIONS INTERNATIONALES

Le Haut-Commissariat des Nations unies aux droits de l'homme (HCDH) a mis en place des comités de surveillance des Conventions protégeant les *droits de l'homme*. Il envoie aussi des enquêteurs dans certains pays, dès qu'il apprend que ces droits y sont menacés. En 2005, des enquêtes sont en cours en Afghanistan, en Irak, en Iran, en République démocratique du Congo, au Myanmar (Birmanie), dans les territoires occupés par Israël, entre autres.

LES DROITS DE L'HOMME DANS LE MONDE

- ☠ Pays où la peine de mort n'est pas abolie
- Pays libres
- Pays partiellement libres
- Pays non libres

D'après Freedom House

LES ORGANISATIONS NON GOUVERNEMENTALES

Les *ONG* sont des associations qui coopèrent avec les Nations unies ou les organisations régionales dans différents domaines, notamment la défense des droits de l'homme. Des milliers d'ONG à travers le monde s'opposent à la privation de liberté d'expression et d'information, à la peine de mort, à la torture, aux procès illégaux et à toutes les formes de ***racisme*** ou de ***discrimination***.

FREEDOM HOUSE

Cette ONG enquête sur les libertés politiques, religieuses et d'expression dans chaque pays. C'est elle qui a établi le classement entre pays libres, partiellement libres et non libres.

AMNESTY INTERNATIONAL

Cette ONG lutte contre la détention de prisonniers d'opinion, les assassinats politiques, la torture. Elle dénonce aussi les abus contre les droits fondamentaux dans le domaine du travail.

HUMAN RIGHT WATCH

Cette ONG dénonce le non-respect des droits humains dans le monde et notamment aux États-Unis : vie dans les prisons, brutalités policières, exécutions capitales...

FIDH

réée en 1922, la Fédération nternationale des Droits e l'Homme fédère 42 associations (ligues) ans une centaine de pays. lle envoie des missions 'enquête et intervient uprès des organisations nternationales.

REPORTERS SANS FRONTIÈRES

Cette ONG lutte pour la liberté d'expression et d'information dans le monde. Elle dénonce les violences faites aux journalistes (menaces, agressions, enlèvements, assassinats) par des régimes répressifs ou des groupes criminels.

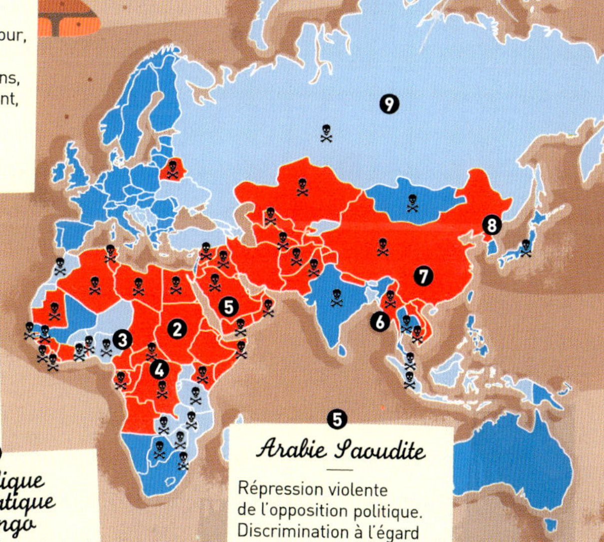

2 *Soudan*

Guerre civile au Darfour, à l'ouest du pays : massacres de populations, exécutions sans jugement, détentions arbitraires, enlèvements, tortures, viols de femmes.

3 *Nigeria*

ns le nord du pays, olences à l'égard des mmes soumises à la loi amique qui ne leur laisse cune liberté et les punit ès durement en cas infraction (lapidation). afic de femmes par des seaux de ***prostitution***.

4 *République démocratique du Congo*

Exécutions sommaires (sans jugement, sans droit de se défendre). Agressions et arrestations sans motif des défenseurs des droits de l'homme et des journalistes.

5 *Arabie Saoudite*

Répression violente de l'opposition politique. Discrimination à l'égard des femmes et violences à l'égard des travailleurs ***immigrés***, qui n'ont aucun droit. Persécution des non-musulmans.

6 *Myanmar (Birmanie)*

Opposants détenus en prison dans des conditions très dures. Viols de femmes par les forces armées, enfants soldats. Refus de soigner les malades du sida. Persécution des ***minorités***, privées de droits. Répression violente des journalistes, qui sont envoyés dans des camps de « rééducation ».

7 *Chine*

Arrestations et procès arbitraires (sans droit de défense), pratique de la torture, travaux forcés. Discrimination à l'égard de la minorité ouïghour.

8 *Corée du Nord*

Violente répression politique. Pratique de la torture, exécutions publiques, camps de travaux forcés pour les opposants, mauvais traitements des handicapés. Refus de l'accès au territoire pour les missions humanitaires.

9 *Russie*

Atteintes à la liberté des médias (télévision contrôlée par le pouvoir). Très dure répression de l'opposition politique. En Tchétchénie, disparitions forcées, tortures et exécutions sans jugement.

Religion et laïcité

Depuis les temps les plus anciens, les hommes ont cru en un ou plusieurs dieux. Certaines religions ont disparu, comme celle de la Grèce antique, d'autres sont très vivantes : le christianisme, l'islam, le judaïsme, le bouddhisme, l'hindouisme, l'animisme…

Des croyances et des cultes

Une religion suppose une croyance dans une ou plusieurs divinités, puissances supérieures à l'humanité et dont dépend l'ordre du monde et le destin des humains. Entre les hommes et les dieux, les religions créent des liens : par la prière, par des rites (cérémonies), par un culte (hommage rendu au dieu).

Les adeptes (croyants) d'une religion se retrouvent dans des lieux consacrés au culte : églises catholiques, temples protestants, bouddhistes, hindouistes, mosquées musulmanes, synagogues juives...

Des fêtes religieuses rappellent des épisodes de la vie de la divinité et des cérémonies particulières accompagnent la vie de chaque croyant, de la naissance à la mort (baptême chrétien, circoncision juive ou islamique, mariage, funérailles...).

Des prêtres et des textes sacrés

Dans chaque religion, des prêtres servent d'intermédiaires entre les humains et les dieux : imams chez les musulmans, rabbins chez les juifs, chamans chez les animistes... Ils sont souvent regroupés en un clergé hiérarchisé.

Toutes les religions ont produit des textes. Pour certaines, qui ne connaissaient pas l'écriture, ce sont des récits et des poèmes transmis oralement ; pour les autres, ce sont des livres, qui ont pris un caractère sacré : Bible juive, Bible chrétienne, Coran musulman, Védas hindouistes. Certains racontent l'histoire des dieux et des hommes depuis la création du monde, d'autres prescrivent des règles morales (ce qui est bien ou mal).

info +

UN DIEU OU PLUSIEURS DIEUX ?

Dans certaines religions, on croit en plusieurs dieux : ce sont des « polythéismes » (en grec : *poly*, « nombreux » et *theos*, « dieu »). Les religions antiques étaient polythéistes, comme aujourd'hui l'hindouisme ou l'animisme. Dans d'autres, on croit en un seul dieu : ce sont des religions monothéistes (*monos*, « unique »), comme le judaïsme, le christianisme ou l'islam. Dans ces trois religions, dites « religions du Livre », les textes sacrés sont considérés comme « révélés », c'est-à-dire transmis directement par Dieu ou inspirés par lui. Le bouddhisme, sagesse plus que religion, ne parle d'aucun dieu, mais Bouddha lui-même a fini par être considéré comme un dieu.

Religion et société

Dans l'histoire des hommes, la religion a longtemps été la base même de la société. C'est la religion qui édictait les lois, précisant la place et les obligations de chacun, hommes ou femmes, forts ou faibles. Quand la religion occupe une telle place dans un pays, l'intolérance règne souvent >>>

Christianisme

Les rites

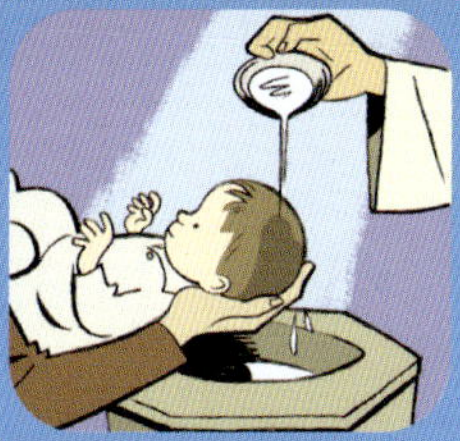

Baptême : le croyant intègre l'Église.

Eucharistie : commémoration du dernier repas de Jésus.

Les fêtes

Noël : naissance de Jésus-Christ.

Pâques : résurrection de Jésus (retour à la vie, après la mort).

Pentecôte : les disciples reçoivent l'Esprit Saint.

Judaïsme

Les rites

Bar-Mitsva : majorité religieuse.

Mariage : obligation prescrite par la Torah.

Les fêtes

Yom-Kippour : jour du grand pardon.

Hanoukka : fête des lumières.

Pessah : pâque juive célébrant la fuite des Hébreux hors d'Égypte.

Islam

Les rites

Ramadan : jeûne entre le lever et le coucher du soleil.

Pèlerinage à La Mecque, la ville sainte.

Les fêtes

Lailat-al-Qadr : révélation du Coran à Mahomet.

Id al-fitr : fête marquant la fin du ramadan.

Id al-adha : fête du mouton.

Hindouisme

Les rites

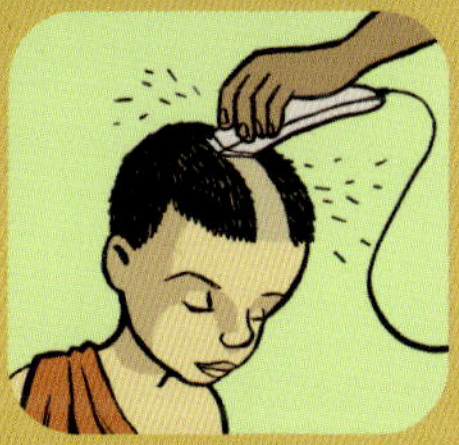

4 ans : l'enfant a le crâne rasé.

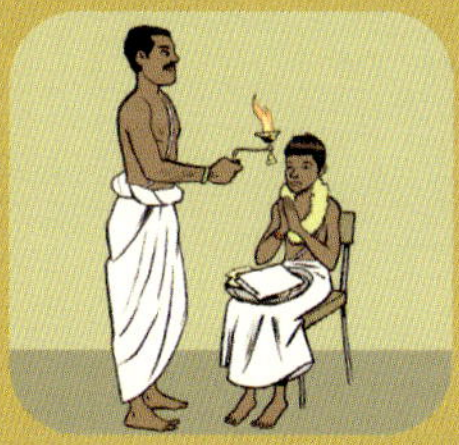

Upanayana : cérémonie d'initiation.

Les fêtes

Holi : fête qui célèbre l'arrivée du printemps.

Dussehra : fête en l'honneur de Rama.

Diwali : fête des lumières.

Bouddhisme

Les rites

Prière quotidienne au temple.

Pèlerinage sur les lieux de la vie de Bouddha.

Les fêtes

Vesak : on commémore la naissance, l'illumination et la mort de Bouddha.

Fête de la naissance de Bouddha (avril).

Fête de la mort de Bouddha (juillet).

>>> en maître : on rejette ceux qui n'ont pas les mêmes croyances ni les mêmes pratiques ; on peut même se battre au nom de sa religion : croisades des chrétiens contre les musulmans au Moyen Âge, guerres de religion entre catholiques et protestants en Europe au XVIe siècle, conflits entre musulmans et hindouistes en Inde à notre époque....

Aujourd'hui, dans de nombreux pays, la religion ne concerne plus que la vie privée de chacun : certains croient, d'autres non, certains pratiquent un peu, beaucoup ou pas du tout, et cela ne gêne personne. Il y a cependant des pays qui continuent d'appliquer des lois religieuses. Ainsi, en Arabie Saoudite, au Pakistan, en Iran, c'est la charia (loi islamique) qui règle la vie des habitants. L'intégrisme religieux devient la seule règle de gouvernement. Les populations qui n'appartiennent pas à la religion dominante ou officielle sont persécutées, comme les chrétiens au Soudan (pays musulman). D'autres pays musulmans, en revanche, comme le Sénégal, la Turquie, la Tunisie, ont dénoué le lien entre pouvoir politique et pouvoir religieux.

La laïcité

C'est la séparation du pouvoir politique et de la religion. L'État, autorité politique, ne s'occupe pas de questions religieuses et les organisations religieuses ne règlent plus la vie de la société, le droit, l'enseignement... Dans un pays laïc, l'État n'est pas opposé aux religions. Au contraire, il affirme sa neutralité et garantit

question d'enfant

UNE SECTE, C'EST UNE RELIGION ?

Les sectes veulent se faire passer pour des religions. Certaines personnes, qui ne trouvent pas dans les religions existantes le sentiment de protection qu'elles recherchent, peuvent être attirées par une secte. Mais ces groupes sont souvent créés par des individus sans scrupules qui exploitent la faiblesse ou la solitude des gens. Ils leur font croire qu'ils vont trouver le bonheur s'ils acceptent de rompre avec leur famille et s'ils donnent tout leur argent à la secte (ou à son chef). Embrigadés, les adeptes sont en général coupés du reste de la société et privés de leur liberté de choix.

L'ÉTAT ET LA RELIGION

France

La laïcité est un principe de base de la République : toute manifestation religieuse dans les lieux publics est interdite. Or certains considèrent que l'expression religieuse en public est une affirmation de son identité. D'où la question du « voile islamique » dans les écoles.

Turquie

Le pays est musulman, mais l'État est laïc depuis 1928. La société est restée très religieuse et, hors des villes, les femmes continuent à porter le voile. Cependant, elles ont les mêmes droits que les hommes.

Arabie Saoudite

Dans ce royaume islamique, la charia règle le moindre détail de la vie familiale et sociale. Les femmes vivent séparées des hommes à la maison, à l'école et au travail. Voilées de la tête aux pieds, elles n'ont pas la moindre liberté et peuvent être condamnées à mort en cas de désobéissance.

1905
Loi de séparation de l'Église et de l'État en France. L'État garantit la liberté de culte, mais la religion n'intervient pas dans les affaires politiques.

1928
Laïcisation de l'État en Turquie. Rupture radicale avec l'ancien Empire ottoman où le pouvoir était fondé sur la religion musulmane.

1979
Établissement de la loi islamique en Iran où les chefs religieux ont pris le pouvoir et gouvernent selon des préceptes religieux.

1996-2002
Régime islamique rigoureux des talibans en Afghanistan. Il prend fin avec l'invasion américaine, mais la religion règle encore la vie sociale.

à chacune la liberté de culte. Et cela en accord avec les *droits de l'homme*, qui demandent l'égalité de tous les *citoyens* devant la loi, quelle que soit leur religion. Ce qui implique la tolérance et le respect de chacun à l'égard des croyances et des pratiques des autres.

La laïcité permet de considérer en toute liberté que les religions font partie de l'histoire culturelle de chaque pays et que le patrimoine architectural et artistique créé par les religions doit être protégé, comme trace de l'histoire.

zoom Des risques liés à la religion

La religion peut créer des liens entre les hommes et donner un sens à leur existence. Mais elle peut aussi donner lieu à des dérives néfastes pour la vie en commun.

Prêche à l'extérieur de la mosquée de Finsbury Park (Londres, 2004). Certains chefs religieux entraînent les croyants à l'intolérance.

Palestiniens face à l'armée israélienne (Bethléem, 2000). Le conflit israélo-palestinien n'est pas d'origine religieuse.

Le communautarisme

Quand on se sent mal accepté dans un pays ou qu'on craint par exemple les conséquences de la *mondialisation* sur sa vie personnelle, on a tendance à se replier sur des valeurs anciennes que l'on partage avec d'autres. **La religion devient un refuge,** qui rassure et donne un sens à ce que l'on fait. On peut être tenté de se regrouper entre Juifs, entre musulmans, entre chrétiens, et de rejeter tout ce qui fait la vie avec le reste de la société. Ce « communautarisme » peut conduire au fanatisme et à l'intolérance. Il peut menacer la laïcité, qui définit chacun d'abord comme un « être humain » plutôt que comme un adepte d'une religion. Il peut aussi nourrir la violence terroriste (VOIR P. 72) : certains imams, dans les mosquées, poussent des jeunes gens à s'engager dans des mouvements islamistes qui pratiquent le djihad (la « guerre sainte ») et en font des candidats aux attentats suicides.

La guerre

Certains dirigeants utilisent les croyances religieuses des populations pour les mobiliser contre des rivaux ou des ennemis à l'intérieur ou à l'extérieur de leur pays. Ainsi, beaucoup de conflits apparemment religieux sont des conflits entre des groupes ou des pays (VOIR P. 76). C'est vrai dans l'Histoire, où les religions ont souvent servi de prétexte aux dirigeants politiques pour faire la guerre (par exemple, les « guerres de Religion » entre catholiques et protestants, au XVIe siècle). C'est encore vrai aujourd'hui : le conflit entre Israéliens et Palestiniens n'est pas un conflit entre des Juifs et des musulmans, mais entre un pays (Israël) qui occupe certains territoires et un peuple (les Palestiniens) qui considère que ces territoires lui appartiennent. Mais dans les deux camps, certains n'hésitent pas à utiliser des arguments religieux pour justifier leur combat.

Les religions dans le monde

Catholicisme · Protestantisme · Religion orthodoxe (Christianisme) · Islam · Judaïsme · Hindouisme · Bouddhisme seul · Bouddhisme, taoïsme et confucianisme · Bouddhisme et shintoïsme (Bouddhisme) · Chamanisme et animisme · Forte minorité · Lieu saint

Il y a des bouddhistes aux États-Unis et des chrétiens en Chine, des musulmans en Europe et des catholiques en Asie du Sud-Est. Cependant, au cours de l'Histoire, les religions ont été créées et se sont diffusées dans des régions du monde particulières où elles restent **dominantes**. Par exemple, le christianisme, né dans l'Empire romain, s'est déployé dans les frontières de cet empire, avant de s'étendre, avec les Grandes Découvertes au XVIe siècle et la colonisation au XIXe siècle, en Amérique et en Afrique. Lorsqu'on dresse une carte des religions dans le monde, il ne faut pas oublier que dans chaque pays, il y a des **minorités** qui n'ont pas les mêmes croyances.

JÉRUSALEM (Israël)
Mur des lamentation[s]
Saint-Sépulcre
Mosquée d'Al-Aqsa

Roue de la vie

Dieu : Aucun. Bouddha est parfois considéré comme un dieu.
Textes sacrés : les Sutras (sermons de Bouddha), le Vinaya (recueil concernant la discipline).
Lieux de culte : les pagodes attenantes aux monastères.

380 millions de bouddhistes.

Bouddhisme

Né en Inde au Ve siècle av. J.-C., le bouddhisme n'y a presque plus d'adeptes. Il s'est répandu au Népal, au Tibet, en Chine, en Mongolie et en Asie du Sud-Est. Son fondateur, Siddharta, est un prince d'un petit royaume du Nord de l'Inde, qu'on a appelé Bouddha, c'est-à-dire « l'Éveillé ». Croyant à la réincarnation, Bouddha enseigne une sagesse pour atteindre le nirvana. À une rude discipline mentale et physique, il joint une morale, faite d'amour et de compassion pour autrui.

Croix

Dieu en trois personnes : le Père, le Fils et le Saint-Esprit.
Livre sacré : la Bible, composée de l'Ancien Testament (Bible des Hébreux) et du Nouveau Testament (récits de la vie de Jésus par les quatre apôtres).
Lieu de culte : l'église et le temple protestant.
Jour sacré : le dimanche.

2 milliards de chrétiens.

Christianisme

Religion monothéiste, née de l'enseignement d'un prédicateur juif, Jésus, dans la Palestine occupée par les Romains, au Ier siècle. Il se dit « fils de Dieu » et prêche l'amour de Dieu et du prochain. Sa parole, qui met en cause les puissants et les riches, déplaît aux autorités juives et aux Romains. Arrêté, il est condamné et crucifié. Après sa mort, ses disciples annoncent sa résurrection (son retour à la vie). Malgré les persécutions, le christianisme se développe et devient, au IVe siècle, la religion officielle de l'Empire romain.
L'Église rassemble la communauté des chrétiens sous l'autorité du pape. Suite à des conflits au sein de l'Église, les chrétiens se divisent en trois groupes : les catholiques (fidèles au pape), les orthodoxes et les protestants.

Croissant de lune

Dieu : Allah.
Livre sacré : le Coran, paroles qu'Allah aurait révélées à Mahomet.
Lieu de culte : la mosquée.
Jour sacré : le vendredi.

1,2 milliard de musulmans.

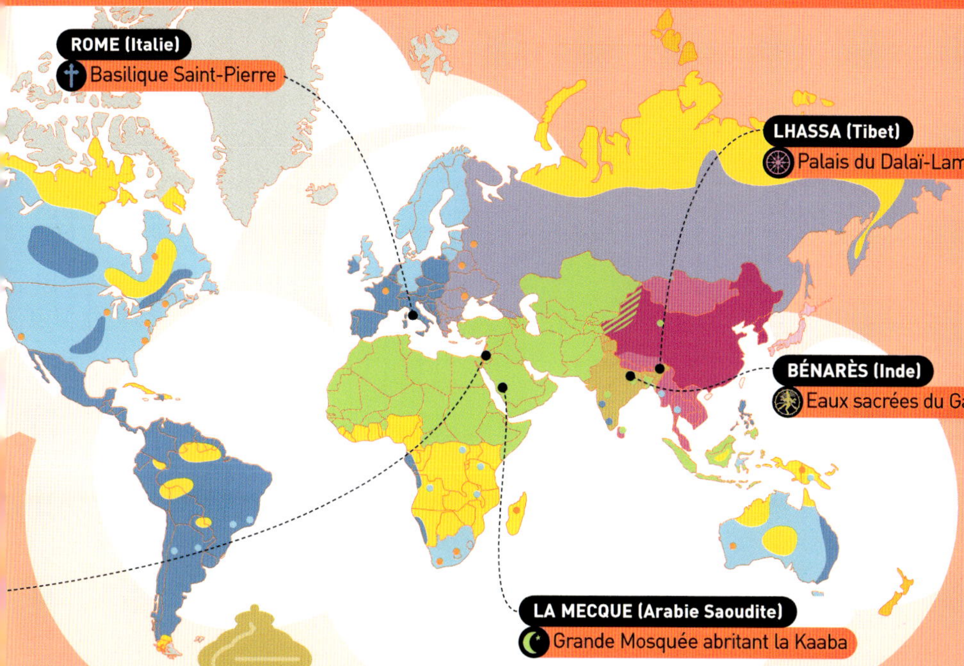

Shintoïsme, taoïsme, confucianisme

En Chine et au Japon, il existe encore de très anciennes religions traditionnelles.

Le shintoïsme, né au Japon au VIIe siècle av. J.-C, rend un culte aux divinités de la nature et aux ancêtres.

Le taoïsme aurait été fondé au VIIe siècle av. J.-C. par un sage chinois légendaire, Lao-Tseu, à qui l'on rend un culte comme à de nombreuses divinités. L'Univers, selon Lao-Tseu, est soumis à deux principes opposés et complémentaires : le yin et le yang.

Le confucianisme, apparu en Chine au VIe siècle av. J.-C., est plus une morale qu'une religion. Il a servi de fondement à l'Empire chinois jusqu'à la révolution ***communiste*** de 1949. Bien que condamné par le régime communiste, le confucianisme, comme le taoïsme et le bouddhisme, est encore très vivant en Chine.

Lieu de culte : le temple.
Environ 400 millions d'adeptes.

Religions traditionnelles

Des croyances et des pratiques qui remontent à la préhistoire sont encore très vivantes dans certaines régions du monde et dans des groupes humains réduits (clans, tribus, villages).

Le chamanisme (Inuits, Indiens d'Amérique...) établit des contacts avec des puissances de la nature par l'intermédiaire d'un chaman, afin d'obtenir bonnes récoltes, guérison ou protection.

L'animisme permet d'entrer, par la transe et la possession, en relation avec les esprits des ancêtres, intermédiaires avec des divinités inaccessibles aux vivants.
Les religions africaines traditionnelles sont animistes. Importées par les esclaves aux Antilles et au Brésil, elles se sont mêlées au christianisme populaire pour donner le vaudou, le rasta, le maracumba ou le candomblé.

Environ 260 millions d'adeptes.

Hindouisme

Shiva

Brahmane (prêtre)

Divinités : innombrables (Shiva, Vichnou, Brahma, Ganesh...)
Livres sacrés : le Véda, les Upanishads, le Mahabarata, le Ramayana.
Lieu de culte : le temple.

800 millions d'hindouistes.

Religion polythéiste qui se développe en Inde à partir du VIIe siècle av. J.-C., autour d'une mythologie très riche où les hommes et la nature sont pris dans un jeu continuel de métamorphoses d'une même énergie. L'être humain se réincarne sous des formes diverses et peut, par des exercices spirituels et physiques (yoga), échapper à ce mouvement perpétuel pour atteindre le bonheur suprême : le nirvana.
La société hindoue était divisée en quatre « castes » : prêtres, guerriers, commerçants et paysans, serviteurs. Rejetés hors castes, les « Intouchables » étaient totalement exclus. Aujourd'hui, le système des castes a disparu de la Constitution indienne, mais, dans les faits, il existe toujours une ségrégation sociale.

Islam

Religion monothéiste, fondée par le prophète Muhammad (ou Mahomet) au VIe siècle ap. J.-C., dans la péninsule arabique. Le mot « islam » signifie « obéissance à Dieu » et les « musulmans » sont « ceux qui obéissent à Dieu ». À la mort du prophète, des divisions apparaissent au sein de la communauté musulmane entre chiites et sunnites. Avec les conquêtes arabes, l'islam se répand en Afrique du Nord, puis en Asie centrale et du Sud. Aujourd'hui, seulement un musulman sur cinq est arabe. Les populations musulmanes les plus importantes se trouvent en Asie, et notamment en Indonésie.

Judaïsme

Ménora (chandelier)

Rabbin

Dieu : Yaveh (ou Jehovah).
Livre sacré : la Bible (la Torah, les Prophètes et les Écrits).
Lieu de culte : la synagogue.
Jour sacré : le samedi (shabbat).

15 millions de Juifs.

Religion monothéiste née il y a 4 000 ans chez un peuple nomade, les Hébreux. Vers 1000 av. J.-C., ils fondent le royaume d'Israël avec pour capitale Jérusalem. Après une révolte contre les Romains, qui occupent le royaume, les Juifs sont chassés de leur pays en 70 ap. J.-C. et se dispersent à travers le monde (diaspora). Dans les pays où ils se sont installés, les Juifs ont souvent été persécutés. Après le ***génocide*** des Juifs par les nazis durant la Seconde Guerre mondiale, l'État d'Israël est créé pour les Juifs en Palestine (1948).

Guerre chimique

Diplomatie

3. Construire la paix

Guerre civile

Pétrole

Enfant soldat

Terrorisme

Vers la paix ?

Après les *deux guerres mondiales* et la longue période de « guerre froide » qui ont marqué le XXe siècle, l'espoir est né de voir enfin le monde débarrassé des conflits. Mais cet espoir a été déçu : de *nouvelles formes de guerres* sont apparues, la loi du plus fort continue à s'exercer.

Aujourd'hui, cependant, à travers les *organisations internationales* et l'engagement des sociétés civiles, de plus en plus de gens veulent mettre fin aux causes des guerres et réaffirment le droit des peuples à *vivre en paix.*

La guerre et la paix

Quand il y a conflit, les hommes peuvent s'affronter, et c'est la guerre. Ils peuvent aussi discuter, trouver des arrangements pour éviter la violence des armes…

Un siècle de guerres

De nombreuses guerres ont marqué le XXe siècle : deux guerres mondiales (1914-1918 et 1939-1945), des guerres de libération des pays *colonisés* par les puissances européennes (Indochine, Algérie, Angola, Mozambique…), des conflits provoqués par la guerre froide, comme au Vietnam (1965-1975) ou en Afghanistan (1979-1989), le conflit au Proche-Orient (entre Israël, la Palestine et les pays arabes), des guerres entre pays voisins (Iran-Irak 1980-1988), des *guerres civiles* à l'intérieur d'un pays (Liban 1975-1991, Rwanda 1994, République démocratique du Congo 1997-2005…).

La fin du XXe siècle a encore été marquée par la guerre en Yougoslavie (1991-1995), la guerre du Golfe (1990-1991) et la guerre en Tchétchénie (depuis 1994).

Et le XXIe siècle a commencé avec une nouvelle guerre en Irak en 2003 (VOIR P. 78) !

Un monde qui désire la paix…

Face aux horreurs de la guerre, de nombreux pays ont signé des Conventions internationales pour protéger les droits des personnes en cas de conflit (VOIR CI-CONTRE). Aujourd'hui, le monde n'est pas en paix, loin de là, mais jamais les gens n'ont été plus soucieux de voir s'établir la paix sur la planète.

L'Onu et certaines organisations régionales, comme l'Union européenne, se penchent sur chaque nouveau conflit, tentent de réconcilier les ennemis, envoient des forces de maintien de la paix. Surtout, les simples *citoyens* s'informent et se mobilisent, par des manifestations ou des pétitions, pour réclamer la paix dans le monde.

Et c'est nouveau : jamais dans l'histoire, l'opinion publique n'a été aussi massivement en faveur de la paix. L'Union européenne s'est construite sur ce désir de paix, et elle n'a pas si mal réussi : depuis 1945, elle n'a plus connu de conflits, alors que l'Europe avait été le lieu d'affrontements armés très violents et dévastateurs pendant des siècles.

Le conflit israélo-palestinien

1948
Création de l'État d'Israël
Première guerre israélo-arabe. Des villages arabes sont détruits et 800 000 Palestiniens expulsés.

1964
Création de l'OLP
Les résistants palestiniens créent l'Organisation de Libération de la Palestine, avec à sa tête Yasser Arafat.

1967
Guerre des Six-Jours
La Syrie, la Jordanie et l'Égypte attaquent Israël. Victorieux, Israël occupe les territoires de Gaza et de Cisjordanie.

1973
Guerre de Kippour
L'Égypte et la Syrie attaquent Israël et sont vaincues. En 1974, l'Onu reconnaît le droit des Palestiniens à la souveraineté.

zoom Le droit de la guerre

Au lendemain de la Seconde Guerre mondiale, en 1949, les représentants des différents pays du monde, réunis à Genève dans le cadre de l'Onu, signent un texte dans lequel ils définissent les droits et les devoirs des personnes, combattantes ou non, en temps de guerre.

Cette Convention de Genève reprend et complète les trois Conventions précédentes.

Première et Deuxième Conventions (1864 et 1907) : on doit respecter et soigner les militaires blessés ou malades sans aucune *discrimination*. Ambulances et centres de soins doivent être épargnés par les combattants. Ces textes donneront naissance à la Croix-Rouge et s'appliqueront lors de la Première Guerre mondiale.

Troisième Convention (1929) : on doit traiter humainement les prisonniers de guerre (soldats d'une armée ou civils résistants), leur assurer l'hygiène et la nourriture, respecter leur religion. La torture est strictement interdite.

La Croix-Rouge organise le transport des *réfugiés* fuyant la guerre au Darfour (Soudan) vers le camp de Trajine (Tchad) en avril 2004.

Slobodan Milosevic au Tribunal pénal international pour l'ex-Yougoslavie (juillet 2001). L'ex-président serbe est mort durant son procès, en mars 2006.

Quatrième Convention (1949) : on doit protéger les civils en temps de guerre. Ils ne peuvent être pris en otage, par exemple pour servir de boucliers humains, ni être déportés.

Ces Conventions définissent le *droit de la guerre*, dont la violation est considérée aujourd'hui comme un *crime de guerre* pouvant conduire leurs auteurs devant la justice internationale (VOIR P. 87). Ainsi, depuis plusieurs années, de hauts dirigeants serbes et croates sont jugés par le Tribunal pénal international pour l'ex-Yougoslavie, à La Haye.

1982
Invasion du Liban par Israël
Objectif : chasser l'OLP, installée à Beyrouth, et faire cesser les attaques militaires de la résistance palestinienne depuis le Liban.

1987
Première Intifada
« Guerre des pierres » : les Palestiniens des territoires occupés (Gaza, Cisjordanie) attaquent l'armée israélienne à coups de pierres.

1993
Accords d'Oslo
Israël et l'OLP se reconnaissent mutuellement. Une autorité palestinienne (futur gouvernement palestinien) est créée.

depuis 2000
Graves tensions
Après une deuxième Intifada et la mort d'Arafat (novembre 2004), le parti islamiste Hamas est arrivé au pouvoir. Négociations en panne.

Des nouvelles formes de guerre

Depuis soixante ans, le monde n'a pas connu d'affrontement généralisé, mais les conflits se sont multipliés un peu partout sur la planète.

Guérillas et prises d'otages

Si les affrontements d'État à État existent toujours, on voit se développer des conflits au sein d'un même pays, mettant face à face des armées gouvernementales et des rebelles désirant accéder au pouvoir ou à l'indépendance. Cette multiplication des conflits locaux fait la fortune des marchands d'armes (voir p. 77). Elle modifie la façon de se battre : certains rebelles pratiquent la guérilla (des attaques armées menées par des petits groupes qui harcèlent ainsi les armées constituées), d'autres procèdent par attentats ou prises d'otages (il y en a plus de 10 000 par an dans le monde). La guérilla peut mener au *terrorisme* (voir p. 72), qui vise surtout les populations civiles.

question d'enfant

LE TERRORISME EST-IL RELIGIEUX ?

Non, le terrorisme lui-même n'est pas religieux. Des pratiques terroristes ont été employées par des groupes qui n'avaient rien de religieux. Aujourd'hui, il est vrai que la plupart des terroristes se réclament de l'islam. Cependant, la religion est utilisée ici comme moyen pour mobiliser les gens, comme théorie de combat (on se bat au nom de l'islam) et comme conception politique (on veut instaurer un État islamique). Il faut bien distinguer l'islam, la religion « islamique » (croyance et pratique religieuses), de l'« islamisme » (théorie politique ou guerrière qui peut mener au terrorisme). En effet, la plupart des dirigeants des pays musulmans et des chefs religieux islamiques condamnent le terrorisme.

Les armes de destruction massive

Avions, hélicoptères, chars, fusils, mitrailleuses et mitraillettes se perfectionnent sans arrêt. Mais au-delà de ces armements conventionnels, les armes de « destruction massive » se multiplient. L'arme nucléaire (la bombe atomique) est désormais détenue par huit pays et trois sont sur le point de l'acquérir (voir p. 78).

Traités limitant les armements

1968
Traité de non-prolifération nucléaire (TNP)

1972
Convention d'interdiction des armes biologiques

1997
Convention d'interdiction des armes chimiques

1998
Convention d'interdiction des mines antipersonnel

Par ailleurs, de redoutables armes biologiques et chimiques (des microbes et des produits toxiques destinés à empoisonner ou à provoquer des maladies mortelles) sont mises au point dans les laboratoires. Ces armes de destruction massive risquent de causer des dommages épouvantables et même de faire disparaître toute vie sur la planète.

La plupart des pays ont signé des traités pour arrêter la prolifération (la multiplication) de tels armements. Mais certains veulent s'en dégager et refusent les contrôles de l'Agence Internationale pour l'Énergie Atomique (AEIA) ou des équipes d'inspecteurs internationaux mandatés par l'Onu.

Les mines antipersonnel

Ces petits engins explosifs, parfois fabriqués artisanalement à coût réduit, ne visent pas quelqu'un en particulier. Placées sur le sol ou à peine >>>

LES MINES ANTIPERSONNEL

À l'origine, les mines empêchaient l'ennemi d'approcher de certains sites stratégiques, lors d'un conflit.

Les mines qui sont posées aujourd'hui servent surtout à terroriser les populations civiles.

Des associations comme Handicap International luttent pour l'interdiction des mines et aident les victimes de ces mines.

question d'enfant

PEUT-ON SE DÉBARRASSER DES MINES ANTIPERSONNEL ?

Il est facile de miner un terrain en jetant les engins d'un avion, mais il est très difficile de le déminer. Les opérations de déminage sont dangereuses, lentes et coûtent très cher. Pour enlever une mine à 3 $, il faut dépenser 300 $! Et encore faut-il savoir où se trouvent les mines ! Normalement, les armées font des cartes des territoires minés, mais elles sont souvent imprécises et parfois, elles ont été perdues. Il faudrait surtout que tous les pays signent et respectent la Convention d'Ottawa, qui interdit la fabrication, le stockage et l'utilisation de ces mines.

>>> enterrées, les mines tuent ou mutilent indistinctement soldats ou civils, hommes, femmes, enfants. À l'origine, on les utilisait pour protéger des sites importants pour les armées (stocks d'armes, centres radio...) ou pour faire sauter des chars ennemis. Aujourd'hui, les combattants les disséminent sur de vastes territoires et les utilisent surtout pour terroriser et faire fuir les populations civiles (on ne peut plus emprunter une route si elle a été minée, cultiver son champ s'il a été miné).

Des dizaines d'années après un conflit, les mines continuent à tuer. Selon l'Onu, il y aurait 120 millions de mines dispersées dans le monde, en Afghanistan, au Cambodge, dans des pays africains... Handicap International, une *ONG* qui lutte pour l'interdiction des mines antipersonnel et soigne les victimes de ce fléau, évalue à 26 000 le nombre de personnes tuées ou blessées chaque année par ces engins.

Le gendarme du monde

Après l'effondrement du bloc soviétique (VOIR P. 18), on pouvait attendre des États-Unis qu'ils mettent leur puissance au service de la paix. Et c'est en partie ce qu'ils ont fait au Proche-Orient, où ils ont tenté de régler le problème israélo-palestinien. Mais, après les attentats du 11 septembre 2001, le président américain George W. Bush a lancé l'armée américaine contre l'Irak (VOIR P. 45) et déclaré la « guerre contre le terrorisme », menaçant plusieurs pays de subir le même sort que l'Irak.

Propos d'enfants soldats

« Ils me donnaient des pilules qui me rendaient fou... Je frappais les gens à la tête jusqu'à ce qu'ils saignent. Quand la folie me quittait, je me sentais coupable... »
A. S., 13 ans, Liberia.
Source : Unicef

« Pendant les attaques, nous avons tué des gens, brûlé des maisons, détruit la propriété et coupé les jambes des gens... »
Alhaji, 14 ans, Sierra Leone.
Source : Unicef

Grâce à leur puissance militaire sans égale, les États-Unis veulent étendre leur influence sur le monde. Tout en réclamant un contrôle des armements nucléaires en cours dans certains pays, ils se désengagent eux-mêmes du Traité de non-prolifération nucléaire.

AGIR CONTRE
LES MINES ANTIPERSONNEL

Pour sensibiliser contre les mines, chaque année, à l'automne, Handicap International invite tout le monde à déposer de vieilles chaussures pour former des « pyramides » dans la plupart des grandes villes.

zoom Les enfants soldats

En Afrique, en Amérique latine et en Asie, dans des zones de combat, des armées régulières ou des groupes rebelles enrôlent de force des enfants, filles ou garçons entre 8 et 18 ans.

Ces enfants pauvres sont souvent orphelins ou abandonnés par leur famille. Ils n'ont pas eu accès à l'éducation. Leurs chefs les utilisent comme sentinelles, messagers, boucliers humains ou poseurs de bombes. Ils les contraignent même à des opérations « suicides ». Les filles servent parfois d'esclaves sexuelles aux combattants adultes.

Selon l'Unicef, on compte aujourd'hui environ **300 000 enfants soldats dans le monde**, en violation absolue des *droits de l'enfant*. Amnesty International estime que depuis dix ans, plus de 2 millions d'enfants sont morts en participant à des combats et plus de 4 millions ont été blessés.

Quand la paix est rétablie dans des zones où se trouvent des enfants soldats, un très lourd problème se pose : **comment les réintégrer dans la société** et leur apprendre à vivre en paix ? Des programmes de santé, de formation et d'emploi, mis en place par des associations ou par l'Unicef, permettent de les accompagner dans cette entrée dans la paix. Ainsi, en Somalie, en guerre civile depuis quinze ans, de jeunes miliciens ont accepté de détruire leurs armes en échange d'une formation et d'un emploi.

Un enfant soldat en République démocratique du Congo en mars 2001

Le terrorisme

Prises d'otages, assassinats, attentats contre les populations civiles : les terroristes utilisent tous les moyens possibles pour semer la **terreur** afin d'obtenir ce qu'il veulent.
Les buts recherchés par le terrorisme peuvent être différents : libération d'un territoire, reconnaissance d'une identité nationale, revendication politique… Cependant, ce ne sont pas à ses objectifs, parfois légitimes, qu'on reconnaît un groupe terroriste, c'est à son mode d'action. Les terroristes bafouent toutes les règles internationales. Ils s'attaquent aux civils et aux enfants, et ils financent leurs actions par des trafics contraires aux lois.
Ce sont des **criminels**. Peut-on pour autant faire la guerre contre le terrorisme ? Pour faire la guerre, il faut qu'on ait un ennemi en face de soi, avec un territoire.
Dans le cas du terrorisme, quel ennemi faut-il attaquer ? Et où l'atteindre ? Le meilleur moyen pour qu'il n'y ait plus de terrorisme est de mettre fin aux trop grandes injustices dans le monde.

Terroriste du Hamas (août 2003).
Depuis janvier 2006, le Hamas, qui a gagné les élections, est au pouvoir en Palestine.

1 11 SEPTEMBRE 2001, ÉTATS-UNIS
3 000 morts, 10 000 blessés
Attentats suicides par détournement d'avions contre les tours du World Trade Center (New York) et le Pentagone (Washington).
→ Al-Qaïda.

2 2001-2005, ISRAËL
Des centaines de morts, des milliers de blessés. Nombreux attentats, souvent des attentats suicides, contre la population israélienne.
→ Groupes terroristes palestiniens.

3 DÉCEMBRE 2001, INDE
14 morts et nombreux blessés
Attentat suicide contre le *parlement* fédéral de New Delhi.
→ Extrémistes musulmans du Cachemire, liés à Al-Qaïda.

4 11 AVRIL 2002, TUNISIE
21 morts et nombreux blessés
Attentat au camion piégé contre une synagogue à Djerba.
→ Al-Qaïda.

5 4 AOÛT 2002, ESPAGNE
2 morts, nombreux blessés
Attentat à la voiture piégée devant une caserne de la Garde civile de Santa-Pola, une station balnéaire près d'Alicante.
→ ETA.

LES PRINCIPALES ORGANISATIONS TERRORISTES

Elles utilisent les moyens les plus modernes pour communiquer à travers le monde (vidéos, Internet) et cherchent à recruter leurs « combattants » parmi des jeunes gens, fanatisés et entraînés dans des camps.

AL-QAÏDA (« la base » en arabe)

Cette organisation islamiste a été fondée par Oussama Ben Laden, milliardaire saoudien d'origine yéménite. Elle est née en Afghanistan, lors de la guerre contre l'URSS (1979-1989), avec l'accord des États-Unis qui voyaient dans ces combattants musulmans un moyen de lutter contre leur grand ennemi de la guerre froide. Depuis, Ben Laden s'est retourné contre les Américains et les pays occidentaux, au nom d'un islam fanatique, pour soumettre les pays de culture musulmane à la loi islamique, la charia (VOIR P. 60).

6 12 OCTOBRE 2002, INDONÉSIE

202 morts, 300 blessés
Attentat à la voiture piégée contre des discothèques de Bali fréquentées par des touristes étrangers.
→ Groupe lié à Al-Qaïda.

7 12 MAI ET 8 NOVEMBRE 2003, ARABIE SAOUDITE

52 morts, 265 blessés
Attentats à la bombe ou à la voiture piégée dans des quartiers résidentiels de Riyad habités par des Occidentaux.
→ Sans doute un groupe lié à Al-Qaïda.

8 16 MAI 2003, MAROC

45 morts, 60 blessés
Attentats suicides à Casablanca, notamment contre le centre culturel espagnol.
→ Djihad salafiste.

9 19 AOÛT 2003, IRAK

24 morts, 100 blessés
Attentat suicide contre la délégation de l'Onu à Bagdad. À partir de l'invasion américaine (2003), de nombreux attentats seront commis contre les armées d'occupation (Américains et alliés).

Quelques attentats dans le monde depuis le 11 septembre 2001

Attentats

Zones supposées servir de refuge, de camp d'entraînement ou de base aux terroristes.

10 15 ET 20 NOVEMBRE 2003, TURQUIE

50 morts, 515 blessés
Attentats à la voiture piégée contre des synagogues, le consulat britannique et une banque anglaise d'Istanbul.
→ Front islamique des combattants du Grand-Orient, lié à Al-Qaïda.

11 11 MARS 2004, ESPAGNE

200 morts, 1 500 blessés
Attentats contre des trains de voyageurs à Madrid.
→ Groupes liés à Al-Qaïda.

12 1ER AU 3 SEPTEMBRE 2004, RUSSIE

350 morts, 445 blessés
Prise d'otages dans une école de Beslan par des terroristes, dont des Tchétchènes.

13 7 JUILLET 2005, ANGLETERRE

54 morts, 700 blessés
Attentats à la bombe dans les transports en commun à Londres.
→ Sans doute un groupe lié à Al-Qaïda.

GROUPE TERRORISTE EN EUROPE

L'ETA est une organisation clandestine de lutte armée pour l'indépendance du Pays basque. À l'origine, elle luttait contre la *dictature* de Franco. Elle agit surtout en Espagne (enlèvements, assassinats, attentats). Un cessez-le-feu a été signé en mars 2006 et des négocations sont prévues entre gouvernements espagnol et français.

GROUPES TERRORISTES PALESTINIENS

Le Hamas, la Brigade des martyrs d'Al-Aqsa et le Djihad islamique, qui luttent contre l'occupation israélienne par des moyens terroristes, n'ont pas de liens avec Al-Qaïda.

GROUPES TERRORISTES LIÉS À AL-QAÏDA

Al-Qaïda fournit un entraînement militaire et de l'argent à de multiples groupes terroristes islamistes, du Maroc à l'Indonésie : le **Djihad salafiste marocain**, les **Salafistes pakistanais**, le **Front islamique des combattants du Grand-Orient** (Turquie), le groupe **Al-Masri** qui a remplacé Zarkaoui, tué lors d'une attaque américaine en juin 2006 (Irak), la **Jamaah Islamiyah** (Indonésie).

LA LUTTE CONTRE LE TERRORISME

De nombreux pays sont d'accord pour combattre le *terrorisme*. Les États-Unis sont à la tête de ce combat, mais tout le monde n'approuve pas la manière dont il est conduit par George W. Bush.

LES POLICES EN ACTION

Interpol (VOIR P. 48) mène la lutte contre le terrorisme en relation avec les services de renseignement : **CIA** (États-Unis), **MI6** (Grande-Bretagne), **DGSE** (France), **Mossad** (Israël), **FSB** (Russie)... Grâce à des enquêtes approfondies, Interpol recueille en permanence des informations qui peuvent servir à empêcher des attentats et donc à assurer la sécurité des populations. Et cela concerne d'autant plus les polices que le terrorisme est souvent financé par des trafics illicites (armes, *drogue*, diamants).

LA « GUERRE » DU PRÉSIDENT BUSH

Depuis les attentats aux États-Unis, le 11 septembre 2001, le président américain George Bush a déclaré la « guerre contre le terrorisme » et fournit armes et finances aux pays qui se rangent aux côtés des États-Unis dans ce combat. Or, parmi ces nouveaux alliés, certains régimes autoritaires, comme le Pakistan, l'Ouzbékistan ou quelques pays africains, utilisent plus le soutien américain pour réprimer leurs opposants que pour lutter contre le terrorisme.

Pourquoi des guerres ?

Il y a mille raisons de se disputer avec les autres. C'est vrai pour chacun au quotidien. Mais c'est aussi vrai au niveau des relations entre groupes humains ou entre pays. Quand on pense que seule la violence peut apporter une solution, c'est la guerre…

Conquérir des territoires

Dans l'histoire, le désir d'agrandir son territoire est une des causes de guerre les plus fréquentes. Les frontières de la plupart des pays d'Europe, par exemple, se sont dessinées à travers des conflits armés.

Dans l'Antiquité, Alexandre le Grand, au IVe siècle avant J.-C., a construit un empire en s'emparant de territoires étrangers : partant de sa Macédoine natale, il est allé avec ses armées jusqu'en Inde ! Le général romain Jules César a conquis la Gaule pour agrandir l'Empire romain, et la puissance de Rome s'est construite sur des guerres de conquête successives : en Europe, en Afrique, en Asie.

Au Moyen Âge, Charlemagne en Europe et Gengis Khan en Asie centrale ont conquis de vastes territoires avec leurs armées. Et c'est par la force des armes que les Turcs ont constitué l'Empire ottoman. La **colonisation** de l'Amérique, de l'Asie et de l'Afrique par les Européens, entre le XVIe et le XXe siècle, s'est faite à coup de guerres meurtrières. Des dirigeants comme Napoléon, Bismarck, Hitler ont mis des pays à feu et à sang pour en devenir les maîtres...

S'approprier des ressources

Quand un pays lance une guerre contre un autre, c'est souvent dans le but de s'emparer de ses richesses. Autrefois, les armées se constituaient des « butins » en se livrant au pillage dans les pays vaincus. Aujourd'hui, beaucoup de conflits peuvent encore s'expliquer, du moins en partie, par une volonté

de s'approprier des ressources : ressources minières, pétrole, eau ou accès à la mer (un gros avantage pour le commerce international). C'est même souvent une motivation de guerre plus importante que le désir d'agrandir son territoire. Ainsi, en 2003, les Américains n'ont pas attaqué l'Irak en vue d'ajouter un nouvel État aux États-Unis, mais pour s'assurer le contrôle des ressources pétrolières de la région.

S'affirmer comme nation

À l'intérieur d'un empire ou d'un pays, certaines communautés

humaines forment de véritables *nations* : fortes d'une identité commune (histoire, culture, langue), elles veulent se faire reconnaître comme pays indépendants et *souverains*. Il arrive donc que les membres de cette communauté prennent les armes pour lutter contre le pouvoir central.

Ainsi, les guerres de libération nationale contre les pays colonisateurs (les guerres entre l'Algérie et la France, de 1956 à 1962, ou entre l'Angola et le Portugal, de 1961 à 1975, par exemple) trouvent leur origine dans la volonté d'indépendance et de souveraineté des pays colonisés. De même, en 1991, les nations qui formaient la Yougoslavie (Croatie, Bosnie-Herzégovine, Slovénie, Macédoine) ont voulu devenir des États indépendants, mais une autre nation yougoslave, la Serbie, dirigée par le leader *nationaliste* Slobodan Milosevic, prétendait garder le pouvoir central. Il s'est ensuivi une guerre très violente entre les nations de l'ex-Yougoslavie (VOIR P. 41).

S'entre-tuer pour le pouvoir : la guerre civile

Certains conflits mettent aux prises les habitants d'un même pays pour l'accession au pouvoir. Parfois, certains n'acceptent pas les règles du jeu politique (vote, élections) et prennent les armes pour s'emparer du pouvoir. Par exemple, la guerre d'Espagne (1936-1939) a vu s'affronter les républicains, qui gouvernaient, et les phalangistes, partisans du *dictateur* Franco. Ces derniers ont déclenché une guerre contre le gouvernement élu.

Aujourd'hui, c'est surtout l'Afrique qui est déchirée par des *guerres civiles*. Les États africains actuels, issus du colonialisme, regroupent plusieurs *ethnies* à l'intérieur de leurs frontières, chacune ayant sa langue et sa culture. Parfois, ces communautés cohabitent paisiblement, mais, trop souvent, des chefs avides de pouvoir utilisent les rivalités entre ethnies pour les monter les unes contre les autres et déclencher une guerre fratricide, comme au Rwanda (VOIR P. 41).

Résister à l'envahisseur

Quand un pays est envahi par une armée ennemie, il se mobilise pour tenter de la repousser : il est entraîné dans la guerre pour se défendre. S'il est vaincu, le pays est occupé par l'ennemi. La population peut alors mener une guerre de résistance contre l'envahisseur. Cette guerre prend souvent la forme d'une guérilla. Elle peut aussi, si d'autres pays viennent aider les résistants, conduire à un conflit plus vaste, où sont impliqués plusieurs pays. La résistance française contre l'occupation allemande, pendant la Seconde Guerre mondiale, a été ainsi soutenue par les Anglais et les Américains.

Faire la guerre pour éviter la guerre ?

Une raison invoquée pour déclencher un conflit est de dire : si nous faisons la guerre à tel pays, cela évitera que ce pays provoque une guerre plus grave. C'est ce qu'on appelle la « guerre préventive ». On peut, >>>

>>> par exemple, bombarder les installations militaires d'un pays pour l'empêcher de s'armer davantage, notamment en armes de destruction massive (VOIR P. 68). Les Américains ont utilisé cet argument pour attaquer l'Irak en 2003 et ils l'utilisent aujourd'hui contre l'Iran, accusé de menacer la présence américaine au Proche-Orient.

Ces guerres, quoique préventives, demeurent des guerres, avec leur cortège de victimes militaires et surtout civiles. Et l'on ne saura jamais si elles ont vraiment permis d'éviter une autre guerre. Si on ne veut pas la guerre, mieux vaut éviter de la faire !

S'inscrire dans une tradition guerrière

Il y a des gens pour qui la guerre est préférable à la paix. Ils trouvent leur intérêt dans la guerre et font tout pour faire durer les conflits. Ce sont des « chefs de guerre », incapables d'assurer leur pouvoir autrement qu'en faisant la guerre. Dans certaines cultures, la guerre est valorisée : les « héros » sont des guerriers et des conquérants. Il n'y a pas d'éducation à la paix et, même si les populations souffrent des conflits, elles n'imaginent pas qu'il puisse y avoir d'autres façons d'exister. Ainsi, après huit terribles années de guerre contre l'Iran (1980-1988), le dictateur Saddam Hussein a réussi à entraîner les Irakiens dans une nouvelle guerre en envahissant le Koweït en 1990. Plutôt que de s'occuper des difficultés de la population irakienne, il a refait l'unité nationale contre un prétendu ennemi extérieur, en mobilisant la culture guerrière de ses compatriotes.

Se battre au nom de Dieu

La religion est souvent utilisée pour mobiliser les populations dans la guerre (VOIR P. 61). Mais la plupart des conflits « religieux » ont bien d'autres causes que des questions de croyance. En Irlande du Nord, le conflit entre catholiques et protestants est d'abord une guerre de résistance des Irlandais (catholiques) contre les Anglais (protestants) qui ont colonisé la partie nord de l'île. De même, dans le monde musulman, la religion est souvent l'instrument d'une politique guerrière.

question d'enfant

Y A-T-IL DE BONNES RAISONS DE FAIRE LA GUERRE ?

Les raisons pour lesquelles on fait la guerre peuvent être parfaitement justes : en défendant la liberté ou la justice, en protégeant son pays contre un envahisseur, on est dans son *droit*. Mais la guerre elle-même, parce qu'elle vise à détruire des êtres humains, ne peut être juste. Depuis des siècles, elle a fait des dizaines de millions de victimes, détruit des sociétés, ruiné des pays. Les meilleures raisons du monde ne peuvent justifier ces horreurs. Des gens ont montré que l'on pouvait défendre des idées justes par des moyens non violents, comme Gandhi en Inde contre l'occupant britannique, dans la première moitié du XXe siècle, ou Martin Luther King aux États-Unis (VOIR P. 41). Plus récemment, c'est par des manifestations pacifiques et des pratiques démocratiques que les populations de Serbie en 2000, ou d'Ukraine en 2005, ont mis fin à des régimes oppressifs.

zoom Le marché des armes

La vente d'armes, qui rapporte beaucoup d'argent à certains, explique en partie l'existence des conflits et ralentit le développement des pays pauvres.

S'il n'y avait pas d'armes, il n'y aurait pas de guerre. Or fabriquer et vendre des armes rapporte tellement d'argent et tient une si grande place dans l'économie des *pays industrialisés* qu'il paraît difficile d'en arrêter la fabrication. Les plus importants fournisseurs d'armes dans le monde sont les pays de l'Otan (États-Unis, France, Allemagne, Royaume-Uni...) et la Russie. Les entreprises d'armement de ces pays vendent dans le monde entier des chars, des hélicoptères, des avions de chasse, des porte-avions, des missiles, des systèmes radar, des mitrailleuses…

Le commerce des armes est réglementé, mais ces règles sont bien souvent détournées. De plus, à côté du marché « officiel », existe tout un trafic d'armes illicite (c'est-à-dire qui échappe à toute réglementation et à tout contrôle) à travers le monde. Ainsi, après l'effondrement de l'Union soviétique, une partie de son arsenal (stock d'armes) a été vendu clandestinement à des combattants du monde entier par des officiers soviétiques qui avaient trouvé là un moyen de s'enrichir.

LES 5 PLUS GRANDS VENDEURS D'ARMES ENTRE 1998 ET 2002

En cinq ans, on a vendu officiellement pour 93 milliards de dollars d'armes dans le monde. Les ventes d'armes se font beaucoup vers les *pays en développement*, dont certains s'endettent lourdement pour leurs achats d'armement.

LES 5 PLUS GRANDS ACHETEURS D'ARMES

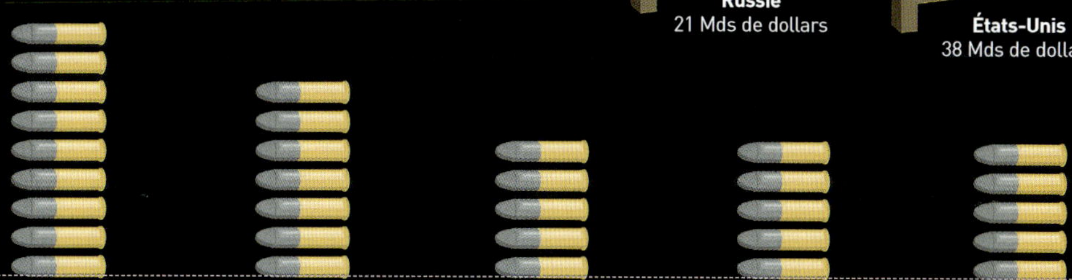

Dépenses annuelles dans le monde

Pour l'aide au développement :

60 milliards de dollars

Pour les forces armées :

900 milliards de dollars

Armes et pauvreté

Une ONG, l'Oxfam, a souligné l'impact du marché des armes sur la pauvreté. En 2001, la Tanzanie a payé 40 millions de dollars pour un système radar. Cet argent aurait permis d'offrir des soins de santé à 3,5 millions de Tanzaniens.

Les conflits dans le monde

La plupart des guerres actuelles ont plusieurs causes. **Les guerres de conquête** servent à acquérir de nouvelles richesses ou à accéder à de nouvelles ressources. **Les guerres civiles** peuvent sortir des frontières d'un pays, parce que des pays voisins aident tel ou tel groupe en lutte. Des guerres entre deux pays peuvent déboucher sur un conflit beaucoup plus vaste, en faisant intervenir des alliés de part et d'autre. **Les grandes puissances** (ex-pays colonisateurs, États-Unis) peuvent aussi s'en mêler, et pas toujours pour aider à trouver la paix ! C'est même parfois leur intérêt d'entretenir des conflits pour maintenir leur influence et leur contrôle sur certaines régions du monde, comme la France dans les conflits africains ou les États-Unis au Proche-Orient.

L'**Afrique**, où les anciennes ***colonies*** ont acquis leur indépendance entre 1960 et 1990, n'a pas encore trouvé son équilibre : querelles de frontières, conflits ***ethniques***, ***guerres civiles*** ravagent ce continent et entravent son développement.

1 CÔTE D'IVOIRE

Après les guerres civiles en Angola, au Sierra Leone, au Liberia, après les massacres ethniques au Rwanda, c'est au tour de la **Côte d'Ivoire** d'être déchirée depuis 2002 par une guerre civile, qui est aussi un conflit ethnique.

2 RÉPUBLIQUE DÉMOCRATIQUE DU CONGO

Depuis la chute du dictateur Mobutu, en 1999, la **République démocratique du Congo** est plongée dans une série de guerres civiles, où se trouvent entraînés ses voisins : Ouganda, Rwanda, Burundi... Des massacres ethniques continuent entre Tutsis et Hutus dans l'est du pays.

Rebelles dans la région du Darfour (Soudan, août 2004)

3 SOUDAN

Au **Soudan**, l'effroyable répression du pouvoir central à l'égard des populations de la province du Darfour, au Sud du pays, a des causes à la fois ethniques et religieuses.

Famine lors de la guerre civile en Somalie (août 1992)

4 SOMALIE

La **Somalie** est la proie des bandes armées de « seigneurs de la guerre » qui, depuis 1991, terrorisent et affament les populations.

5 ÉTHIOPIE ET ÉRYTHRÉE

De 1998 à 2000, une guerre a opposé **l'Éthiopie** et **l'Érythrée** (ancienne province éthiopienne, indépendante depuis 1993) pour des territoires donnant accès à la mer Rouge. Des accords de paix ont été signés, mais la reprise de la guerre menace.

6 ÉTAT D'ISRAËL

À la création de l'**État d'Israël** en 1948, environ un million de Palestiniens ont été chassés de leurs terres. En 1949, 1967 et 1973, des pays arabes voisins ont attaqué Israël (VOIR P. 66), qui à chaque fois est sorti vainqueur. Les Palestiniens, peu armés, luttent pour avoir un État indépendant dans des territoires occupés par Israël, qui dispose d'un armement très puissant. La première Intifida, « guerre des pierres », aboutit aux accords d'Oslo (1993) et à la création d'une Autorité palestinienne, amorce d'un État indépendant. Les accords capotent et c'est la seconde Intifada (2000). Depuis la mort de Yasser Arafat (novembre 2004) et l'arrivée au pouvoir du Hamas en Palestine, la situation n'a fait que s'aggraver.

7 IRAK

En **Irak**, après l'attaque et l'invasion américaines (2003), la guerre n'a pas cessé : résistance contre l'occupant américain, conflit à caractère « religieux » entre musulmans sunnites et chiites, et guerre civile menée par des chefs pour prendre le pouvoir.

8 INDE ET PAKISTAN

L'**Inde** et le **Pakistan**, deux puissances nucléaires, revendiquent chacun la province frontalière du Cachemire. La montée des tensions entre les deux pays a fait craindre un très grave conflit en 2003. Sous la pression des ***institutions*** internationales et des États-Unis, un accord de cessez-le-feu a été signé et les deux pays ont entamé des négociations.

10 NÉPAL

Le **Népal** est ravagé depuis 1996 par une guerre civile entre des rebelles maoïstes et un gouvernement royal autoritaire qui bafoue les ***droits de l'homme***.

11 TAÏWAN

Entre la **République populaire de Chine**, ***communiste***, et **l'île de Taïwan**, qui manifeste son désir d'indépendance, les tensions sont fortes et font parfois craindre l'éclatement d'un conflit militaire. En 1949, le gouvernement chinois non communiste s'était réfugié à Taïwan sous la protection des États-Unis et depuis, l'île fait partie des alliés américains dans la région.

Manifestation pour l'**indépendance du Timor-Oriental** (1999)

13 TIMOR-ORIENTAL

Le **Timor-Oriental** vient de prendre son indépendance de l'Indonésie, au prix d'une guérilla sans merci contre une armée gouvernementale très répressive. La province indonésienne d'Aceh mène à son tour un combat acharné pour accéder, elle aussi, à l'indépendance.

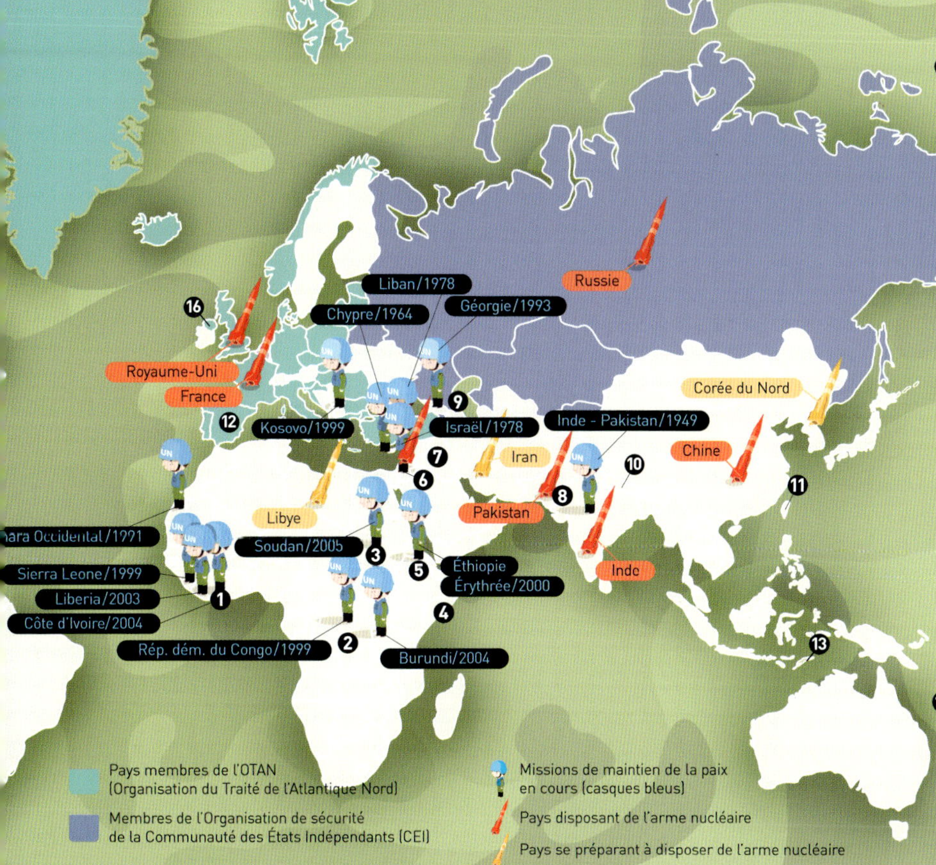

Discours du **sous-commandant Marcos** (1996)

14 MEXIQUE

Au **Mexique**, les Indiens du Chiapas s'opposent depuis 1994 au gouvernement pour défendre leurs ***droits***, sous la conduite du sous-commandant Marcos. Cette guérilla refuse le terrorisme : pour eux, les armes ne servent qu'à se défendre quand on est attaqué.

15 COLOMBIE

En **Colombie**, un tiers du territoire du pays est contrôlé par les Forces Armées Révolutionnaires de Colombie (FARC), qui, depuis 1964, luttent contre le pouvoir central. Engagées au départ contre les injustices sociales, elles agissent aujourd'hui plus comme des gangsters (prises d'otages, attentats, attaques armées contre les villages...). Et leurs actions sont financées par le trafic de ***drogue***.

16 IRLANDE DU NORD

En **Irlande du Nord** (territoire rattaché à l'Angleterre), l'IRA (l'Armée révolutionnaire irlandaise) a lutté pendant 30 ans contre le gouvernement britannique (protestant) pour les droits de la minorité catholique. Fin juillet 2005, un accord de paix a été signé, mettant fin au conflit.

9 TCHÉTCHÉNIE

L'éclatement de l'Union soviétique, au début des années 1990, a réveillé en Russie le désir d'indépendance de la **Tchétchénie**. Depuis, une guerre meurtrière y sévit entre les armées gouvernementales et les Tchétchènes, qui pratiquent la guérilla et le ***terrorisme*** (VOIR P. 72). La Russie tient d'autant plus à garder cette région qu'elle est proche des zones pétrolières de la mer Caspienne.

La ville de Grozny en **ruines** (Tchétchénie, mars 1995)

Affiche de **propagande** de l'ETA (Mondagon, 2002)

12 ESPAGNE

L'ETA (*Euskadi ta askatasuna*, qui signifie « pays basque et liberté ») revendique l'indépendance du Pays basque, en **France** et en **Espagne**. Mais c'est surtout dans ce dernier pays que cette organisation mène des actions terroristes (attentats, assassinats). Dans les années 1950, elle luttait contre le ***dictateur*** espagnol Franco, mort en 1975. Aujourd'hui, l'ETA, qui n'est plus soutenue par la population basque, semble prête à renoncer à ses pratiques criminelles.

Les conséquences de la guerre

Les guerres tuent non seulement des soldats, mais aussi des civils… Elles bouleversent les relations entre les gens, démolissent les économies et accentuent les déséquilibres.

Des sociétés détruites

Vivre en temps de guerre est terrible pour tout le monde. Pour les combattants, bien sûr, mais aussi pour les populations. On a peur des ennemis, on a faim parce que l'approvisionnement se fait mal. Les familles sont séparées : les hommes en âge de se battre sont sur le front et les femmes, les enfants et les personnes âgées se débrouillent seuls pour survivre. Les villages sont pillés par les armées et les villes bombardées. Les hôpitaux ne peuvent pas accueillir tous les blessés. Beaucoup d'enfants se retrouvent orphelins. Et les liens habituels entre les gens sont souvent détruits, surtout lors des *guerres civiles*. Tout cela laisse des traces terribles dans les sociétés.

Des pays sans lois

En temps de paix, les lois servent à canaliser la violence de chacun. En temps de guerre, elles sont souvent oubliées. Quand la violence a en quelque sorte le « droit » de se déchaîner (il faut tuer les ennemis), elle peut entraîner les pires excès : les combattants peuvent se croire autorisés à tuer tous ceux qui les gênent, à violer les femmes, à voler les populations civiles. En dépit de toutes les lois de la guerre (VOIR P. 67), chaque conflit armé provoque des horreurs, qui sont des atteintes graves à la dignité humaine.

Une fois la paix revenue, il est très difficile de ramener à une vie normale des hommes qui ont vécu sans loi pendant la durée des combats. Dans beaucoup de pays qui sortent de la guerre, des groupes d'anciens soldats, devenus des bandes de brigands, continuent à semer la terreur…

Des économies en péril

Dans un pays en guerre, il est rare de pouvoir travailler normalement. Dans les villes, les bâtiments (bureaux, magasins) sont détruits, les moyens de communication et les transports fonctionnent mal. Dans les campagnes, on ne peut pas cultiver les champs à cause des bombardements ou des mines (VOIR P. 70). Les hommes, qui sont au combat, ne peuvent participer aux activités économiques.

La guerre, en empêchant les gens de travailler, appauvrit les populations et freine le développement des pays. Elle prive aussi d'éducation et de formation les jeunes générations (écoles détruites, enseignants à la guerre, enfants soldats enrôlés dans les combats) : elle compromet durement l'avenir. Cela n'empêche pas certains de s'enrichir en se livrant au trafic d'armes (VOIR P. 77) ou, comme en Irak aujourd'hui, en enlevant des otages contre rançon…

Vivre en temps de guerre en République démocratique du Congo

En Ituri, dans l'est de la République démocratique du Congo, c'est la guerre civile. Dans les rues de son village, Honorin, 10 ans, voit des militaires qui tirent sur les gens et les maisons.

L'enfant rentre à la maison. Il n'y a plus personne, sauf sa petite sœur. Sa mère et sa grande sœur ont été enlevées, son père et son grand frère ont disparu…

Les enfants se retrouvent seuls. Ils errent sur la route avec d'autres… Au loin, l'école brûle.

Un peu plus tard, des soldats enlèvent une fille à la sortie de l'église. La foule, tenue en respect par des hommes armés, n'ose rien dire. Certains soldats sont très jeunes.

Honorin reconnaît la casquette de son frère sur la tête d'un soldat et l'appareil photo de son père autour du cou d'un autre…

Des soldats chargent dans une voiture des sacs de grains, des fruits et des meubles, qu'ils ont volés dans une maison.

Honorin se rend aux champs pour chercher quelque chose à manger. Les arbres sont abattus, la prairie brûle, des animaux sont égorgés…

Il revient sur la place du village, mais les magasins sont pillés. Seule l'aide alimentaire permettra de survivre.

Quelques jours plus tard, Honorin est emmené avec d'autres enfants dans un camp de *réfugiés*.

zoom

Réfugiés et droit d'asile

De plus en plus de gens, fuyant la guerre ou une répression politique violente, quittent leur région ou leur pays d'origine, souvent sans argent et sans papiers.

Arrivée des réfugiés kurdes irakiens à Cukurka (Turquie) en avril 1991

Ils cherchent un pays qui veuille bien les accueillir. L'Onu a créé, en 1950, un **Haut-Commissariat aux Réfugiés (HCR)** pour aider ces populations. Selon les Conventions de Genève (VOIR P. 67), de nombreux pays se sont engagés à les recevoir, en leur accordant un statut de *réfugiés* qui leur donne le droit de s'installer et de travailler sur leur territoire. Pourtant, depuis les années 1990, la plupart des *pays développés* hésitent à accorder ce *droit d'asile* : avec la multiplication des conflits, les réfugiés du monde deviennent extrêmement nombreux. En outre, depuis les attentats du 11 septembre 2001 aux États-Unis, de nombreux pays ont durci leur position sur l'accueil des réfugiés étrangers, pour des raisons de sécurité. Surtout, les pays développés soupçonnent bon nombre de ces demandeurs d'asile politique d'être plutôt des *émigrés* économiques (VOIR P. 99).

Refoulés aux frontières des pays développés, beaucoup de ces réfugiés ne trouvent à s'installer que dans les pays voisins de celui qu'ils fuient. Ainsi, ceux qui ont fui la région du Darfour, au Soudan, ravagé par la *guerre civile*, se retrouvent au Tchad. Souvent, ces pays voisins ne sont pas sûrs et leurs économies sont bien fragiles : l'afflux de réfugiés pose des problèmes de sécurité et de survie pour leur propre population. Les réfugiés sont placés dans des camps gérés par le HCR, normalement pour une période limitée, mais qui peut s'éterniser : des Palestiniens, chassés de leurs villages au moment de la création de l'État d'Israël, en 1948, vivent dans des camps en Syrie, en Jordanie et au Liban depuis plus de 50 ans !

D'autres réfugiés, qui n'ont pu sortir de leur pays, trouvent refuge dans une autre région plus sûre, où les autorités installent aussi des camps : on ne parle plus alors de « personnes réfugiées », mais de « personnes déplacées ». La plupart d'entre elles ne bénéficient pas de l'assistance et de la protection du HCR. Elles se trouvent dans des situations d'extrême dénuement et courent les plus grands dangers, puisqu'elles n'échappent pas aux menaces de la guerre. **Sur 50 millions de réfugiés dans le monde aujourd'hui, 22 millions seulement sont sous la protection du HCR.**

À la recherche de la paix

Aujourd'hui, de plus en plus de gens sont hostiles à la guerre. Ce désir de paix conduit à chercher à résoudre par des voies politiques et diplomatiques les sujets de conflits entre les pays.

Vivre en paix est possible !

Autrefois, on disait : « Si tu veux la paix, prépare la guerre. » Une façon de dire que la guerre était inévitable et la paix toujours menacée. Or, depuis 60 ans, une grande partie de l'Europe vit en paix après avoir été, pendant des siècles, ravagée par des guerres bien aussi violentes que celles qui se déroulent aujourd'hui dans d'autres régions du monde. Comment cela a-t-il été possible ? Les Européens ont peu à peu établi entre les différents pays de la future Union européenne des relations d'un type nouveau, en construisant un avenir ensemble et non pas chacun pour soi (VOIR P. 21). L'idée de guerre disparaît d'elle-même si c'est avec les autres, et non pas contre eux, que chaque pays se développe, s'enrichit et élève son niveau de vie.

Cela suppose des régimes démocratiques où l'opinion publique peut s'exprimer et où des *institutions* contrôlent l'équilibre des pouvoirs (VOIR P. 43).

Nelson Mandela, ex-président de l'Afrique du Sud après l'apartheid, travaille inlassablement à rétablir la paix en Afrique.

Place à la diplomatie !

Le modèle européen est le résultat d'une histoire : celle de l'Europe. On ne peut pas l'appliquer partout. Mais de nombreux responsables politiques, dans le monde, réfléchissent à des solutions de type pacifique pour régler les problèmes entre pays ou pour reconstruire les pays démolis par les guerres, afin qu'ils puissent vivre en paix >>>

zoom

L'Onu en question

L'Onu fait un travail considérable pour la paix, mais depuis sa création, en 1945, l'ordre du monde a été profondément modifié. Une réforme devient nécessaire.

L'Onu a permis d'éviter le désastre d'une troisième guerre mondiale : en envoyant des **Casques bleus** aux quatre coins du monde pour séparer les combattants, en soutenant les **opérations de reconstruction** des pays ravagés par la guerre, en favorisant l'**aide au développement**, condition indispensable au maintien de la paix. Surtout, elle offre à tous les pays des **possibilités de rencontres et de débats** qui permettent de trouver des moyens pacifiques de règlement des conflits.

Certains reprochent à l'Onu de ne pas établir une paix universelle et définitive. Mais elle n'est pas un pouvoir au-dessus des pays. Ce qu'elle décide est le résultat de discussions multilatérales où chacun peut donner son avis. Or, il y a des pays – dont les États-Unis – qui décident trop souvent d'agir de façon « unilatérale », c'est-à-dire sans tenir compte de l'avis de l'Onu, donc des autres pays. Cela a été le cas pour l'invasion de l'Irak en 2003. Les moyens de l'Onu pour agir contre ceux qui ne respectent pas les règles internationales sont limités : elle peut **condamner des actes** (attentats *terroristes*, agression d'un pays par un autre), **autoriser une action militaire** qui lui paraît juste, **décider d'un embargo** (interdiction de toute relation commerciale) à l'encontre d'un pays coupable de mettre la paix en danger.

Depuis 1945, le monde a changé. Il est temps de réformer l'Onu. Certains pays veulent pouvoir faire entendre leur voix au Conseil de sécurité et participer aux décisions : le Brésil et l'Inde, puissances émergentes, demandent à devenir des membres permanents, ainsi que l'Allemagne et le Japon, vaincus de la Seconde Guerre mondiale, qui ont su montrer leur volonté de paix depuis soixante ans. Le Conseil de Sécurité de l'Onu (VOIR P. 22) devrait donc passer de 15 à 24 membres, dont 15 permanents. Pour faire face aux nouvelles formes de guerre, on prévoit, parmi les autres réformes possibles, de former des spécialistes des conflits *ethniques* ou religieux et de créer un organisme mondial chargé de la reconstruction des pays et des sociétés.

NOVEMBRE 1994 : Création du Tribunal international pour le Rwanda, destiné à juger les responsables du *génocide* tutsi.

JUGER LES COUPABLES

JUIN 1999 : Création de la mission MINUK, après la guerre au Kosovo, mission chargée d'administrer la province. Le maintien de la paix est placé sous l'autorité de l'Otan.

PRÉVENIR UNE NOUVELLE GUERRE

RECONSTRUIRE APRÈS UNE CATASTROPHE NATURELLE

2005 : reconstruction des pays touchés par le tsunami de décembre 2004 : logements, écoles, hôpitaux, routes... L'ancien président américain Bill Clinton coordonne ces opérations pour l'Onu.

IMPOSER UN EMBARGO

NOVEMBRE 2004 : Embargo sur les armes en Côte d'Ivoire où sévit la *guerre civile*. Les Casques bleus surveillent son application en contrôlant les cargaisons arrivant par bateaux, avions et camions.

GARANTIR LES NÉGOCIATIONS DE PAIX

NOVEMBRE 1999 : Création de la mission MONUC, mission chargée de surveiller le cessez-le-feu et d'encadrer les négociations de paix entre la République démocratique du Congo et ses voisins.

Casques bleus français en plein déminage (Bosnie, décembre 1992)

>>> sans désir de vengeance. Plutôt que de prendre les armes, il vaut mieux discuter, négocier entre adversaires (négociations bilatérales) ou faire intervenir les organisations internationales ou d'autres pays comme arbitre (négociations multilatérales). Discussions, négociations, médiations : on s'affronte par la parole, et non plus avec des armes. On quitte le terrain de la guerre pour celui de la *diplomatie*. Le secrétaire général de l'Onu, Kofi Annan, et certains chefs ou anciens chefs d'État, comme le Sud-Africain Nelson Mandela, ont déployé beaucoup d'efforts ces dernières années pour mettre en place cette diplomatie pour la paix.

Désarmement et déminage

Dans les pays sortant de la guerre, l'Onu, les *ONG* et les gouvernements concernés ont mis en place des programmes « désarmement, démobilisation, réintégration et réinsertion ». Ces programmes s'adressent aux enfants soldats, filles et garçons enrôlés dans les armées rebelles ou gouvernementales (VOIR P. 71). En Sierra Leone, en Somalie, en Bosnie, en Colombie, par exemple, les jeunes sont invités à rendre leurs armes, parfois même à les détruire publiquement. En échange, ils sont accueillis dans des centres d'apprentissage et font des stages pour apprendre un métier. Cela demande de gros efforts de la part des populations, qui doivent apprendre à accepter ces adolescents réputés « dangereux », et de la part de ces jeunes, qui doivent oublier leur « culture de guerre » (VOIR P. 71).

Il est urgent de nettoyer certains pays de leurs mines antipersonnel (VOIR P. 70). Ces opérations de déminage, extrêmement délicates, demandent de former un personnel hautement qualifié. Dans les régions touchées par ce fléau, des organisations comme Handicap International mettent tout en œuvre pour aider les handicapés victimes de ces mines (prothèses, soutien scolaire, formation professionnelle).

Réconcilier les sociétés

Après les *guerres civiles* ou après une *dictature* sanglante, il est vital de rétablir des relations pacifiques au sein d'une société divisée. Il faut pour cela que les victimes se fassent entendre et que les bourreaux reconnaissent leurs fautes.

Ainsi, depuis une vingtaine d'années, se mettent en place, dès le retour à la paix ou à la *démocratie*, des commissions d'enquête sur les graves violations des *droits de l'homme* perpétrées durant le conflit ou la répression. La plus connue est la commission « Vérité et Réconciliation », créée en Afrique du Sud après l'apartheid (VOIR P. 41), mais il y en a eu dans de nombreux pays d'Amérique latine et d'Afrique.

Selon les pays, elles fonctionnent de manières différentes, mais elles ont toutes en commun d'être des organismes officiels, reconnus par l'Onu, et d'être indépendantes des pouvoirs politiques. Ces >>>

ESSAYER DE VIVRE ENSEMBLE EN AFRIQUE DU SUD

>>> commissions recueillent des témoignages et des aveux. Elles offrent aux populations l'occasion de réfléchir sur un passé douloureux, de mieux comprendre les causes des conflits et d'affirmer leur désir de vivre dans la paix et la justice.

La justice contre la guerre

Les commissions d'enquête ne sont pas des tribunaux : leur fonction n'est pas de juger ni de sanctionner. Or, pour que la paix soit durable, il convient que soient jugés et condamnés, selon la loi, les responsables politiques ou les chefs de guerre coupables de *crimes de guerre* (VOIR P. 67), de crimes contre l'humanité ou de *génocides*. Une justice internationale, au-dessus des États, a été mise en place pour juger ces atteintes aux droits de l'homme qui concernent l'humanité toute entière (VOIR CI-CONTRE). Destinée à protéger les populations civiles contre les criminels de guerre et les auteurs de génocides, elle pourra même devenir un outil pour lutter contre le *terrorisme*.

Portraits

DEUX PRIX NOBEL DE LA PAIX

Desmond Tutu, archevêque de Johannesburg, en Afrique du Sud, a présidé, de 1993 à 2002, la commission Vérité et Réconciliation dans son pays. Le travail de cette commission, en donnant la parole aux victimes (surtout noires) et en obtenant les aveux des bourreaux (surtout blancs), a contribué à épargner le déchaînement de la violence dans l'Afrique du Sud libérée de l'apartheid.

Wangari Maathai, secrétaire d'État kenyane à l'Environnement, est la première femme africaine de l'histoire à recevoir le prix Nobel de la paix. Militante *écologiste,* elle a reçu ce prix pour sa contribution en faveur du *développement durable,* de la démocratie et de la paix. Avec son mouvement, la *Ceinture verte*, elle a fait planter 20 millions d'arbres et donné un emploi à 80 000 Kenyans.

« Les États de droit devront un jour succéder aux États prédateurs. »
Emmanuel Kant, philosophe du XVIIIe siècle, dans son *Projet de paix perpétuelle*

« Un pays pauvre court 85 fois plus de risques de subir un conflit violent qu'un pays riche. »
PNUD, 2004

zoom Vers une justice internationale

Pour juger les crimes de guerre et contre l'humanité commis dans le monde, il fallait une juridiction internationale permanente : c'est la CPI, créée en 2002.

Au nom de sa ***souveraineté***, aucun État n'accepte facilement qu'une autorité extérieure se mêle de ce qui se passe à l'intérieur de ses frontières. Cependant, déjà après la Seconde Guerre mondiale, c'est un tribunal international, et non allemand, qui a jugé les criminels nazis, à Nuremberg. **En 1993, l'Onu a créé un Tribunal pénal international pour la Yougoslavie** (TPIY) pour juger les dirigeants politiques et militaires responsables des atrocités commises pendant la guerre en Yougoslavie. De même, un TPI a été établi pour le **Rwanda** (TPIR) pour juger les responsables des massacres de 1994 (VOIR P. 41). Composés chacun de juges venant du monde entier, ces deux tribunaux siègent encore aujourd'hui.

Le 1er juillet 2002, enfin, a vu le jour une juridiction internationale permanente, la **Cour pénale internationale** (CPI). 135 pays ont signé pour la création de la CPI, mais pas les États-Unis, ni la Chine, ni Israël. Les pays signataires s'engagent à poursuivre les criminels, même s'il s'agit de chefs d'État, et acceptent que la Cour intervienne à l'intérieur de leurs frontières. À ce jour, un Américain coupable de ***crimes de guerre*** (VOIR P. 67) ne pourrait pas être poursuivi par la justice internationale sur le territoire des États-Unis, mais il pourrait être arrêté et jugé par la CPI dans un pays signataire. Les premières enquêtes ouvertes par la CPI concernent la République démocratique du Congo, l'Ouganda, la République centrafricaine et le Cambodge.

LA COUR PÉNALE INTERNATIONALE ET LES CRIMES COMMIS EN RÉPUBLIQUE DÉMOCRATIQUE DU CONGO

En juin 2004, une enquête est ouverte par le procureur, à la demande du président de la République démocratique du Congo. Des témoins sont entendus, des preuves réunies, des suspects arrêtés. L'enquête peut durer plus d'un an.

Quand l'enquête sera terminée, le procès des accusés aura lieu, au siège de la CPI, à La Haye. Si les accusés sont déclarés coupables par les juges, ils peuvent être condamnés à des peines de prison (moins de trente ans ou à perpétuité) et à de lourdes amendes.

« Les Nations unies n'ont pas été inventées pour conduire l'humanité au paradis, mais pour la sauver de l'enfer. »

Dag Hammarskjöld, secrétaire général de l'Onu de 1953 à 1961

Inégalités sociales

Suralimentation

4.

Eau

Santé

Bâtir un monde plus juste

Pauvreté

Agriculture traditionnelle

Sous-développement des pays du Sud, exclusion et précarité au sein de nos **sociétés développées :** depuis toujours des **inégalités profondes** existent entre les hommes que la **mondialisation** de l'économie a encore tendance à aggraver. D'où l'idée nouvelle d'assurer au monde un **développement durable**, garantissant à tous travail, ressources, santé. Ce qui suppose de veiller à un meilleur **partage des richesses** contre ceux qui veulent à tout prix s'enrichir au détriment des autres.

Riches et pauvres

Dans les années 1960, on pensait que les pays du Sud, moins développés, allaient rattraper leur retard sur les pays du Nord. 40 ans plus tard, les écarts se sont encore creusés !

Qu'est-ce que la pauvreté ?

La pauvreté est quelque chose de relatif : on est toujours plus pauvre ou plus riche qu'un autre, et être pauvre en France ou en Inde, ce n'est pas la même chose. Mais il existe une pauvreté que l'on appelle « absolue », quand les besoins humains fondamentaux ne sont pas satisfaits : on ne mange pas à sa faim, on n'a pas accès à l'eau potable, on ne dispose pas d'un logement, on n'a pas de quoi s'habiller ni de quoi se soigner. Dans cet état de *précarité*, on ne peut pas penser à l'avenir ni à l'éducation de ses enfants.

Plus d'un milliard d'êtres humains se trouvent dans cette situation, avec moins d'un dollar par jour pour vivre, dont près de 500 millions en Asie du Sud et 300 millions en Afrique. Et plus de la moitié des habitants de la planète n'ont pas plus de 2 dollars par jour !

Le sous-développement

Cette extrême pauvreté se rencontre essentiellement dans les *pays en développement*. On appelle ainsi les pays dont le revenu par habitant est faible ou moyen (VOIR CI-CONTRE). Ces pays n'ont pas encore réussi à développer leur économie pour répondre aux besoins de leur population : on dit qu'ils souffrent de sous-développement.

Selon les organismes spécialisés de l'Onu (Banque mondiale, FMI, Programme des Nations Unies pour le Développement, etc.), on compte aujourd'hui une centaine de pays en développement, qui regroupent plus de 80 % de la population mondiale. Ces pays étant situés pour la plupart dans l'hémisphère Sud de la planète, on parle souvent de « pays du Sud », mais attention, tous les pays du Sud ne sont pas sous-développés !

Des écarts grandissants

Depuis les années 1960, l'écart entre les pays riches (développés) et les pays pauvres (en développement) n'a pas cessé de grandir. Les pays les plus riches de la planète sont deux fois et demie plus riches qu'il y a quarante ans, les pays les plus pauvres sont restés aussi pauvres quand ils ne se sont pas encore appauvris, en particulier les *Pays les Moins Avancés* (PMA), une cinquantaine de pays, pour la plupart africains.

Cependant, en Asie, certains pays en développement ont presque rattrapé les *pays développés* : Singapour, la Corée du Sud (VOIR P. 101), Taïwan...

Des inégalités au Nord comme au Sud

Tous les habitants des pays en développement ne sont pas pauvres et tous ceux des pays développés ne sont pas riches. Dans des pays où les populations sont les plus pauvres, comme l'Inde, le Pakistan, le Brésil, le Népal, la Chine, et certains pays africains, on trouve des gens très riches (parmi les grosses fortunes mondiales). Et dans les pays riches, on trouve de plus en plus de gens pauvres (VOIR P. 108). Les sociétés les plus égalitaires sur le plan du bien-être des populations sont les pays scandinaves : Danemark, Suède, Norvège, Finlande.

zoom Mesurer la richesse d'un pays

Pour évaluer la richesse et le développement d'un pays, on a besoin d'unités de mesure. Deux « indicateurs », le PIB et l'IDH, permettent de comparer les pays.

Le total des richesses produites dans un pays chaque année s'appelle le *Produit Intérieur Brut* (PIB). On divise le PIB par le nombre d'habitants et on obtient un premier indicateur de la richesse d'un pays, le PIB par habitant, calculé en dollars. Mais cet indicateur ne tient pas compte des différences qui existent à l'intérieur d'un même pays. Un pays peut avoir des revenus assez importants, mais sans que l'ensemble de sa population en bénéficie.

PIB/HABITANT DE QUELQUES PAYS EN DOLLARS

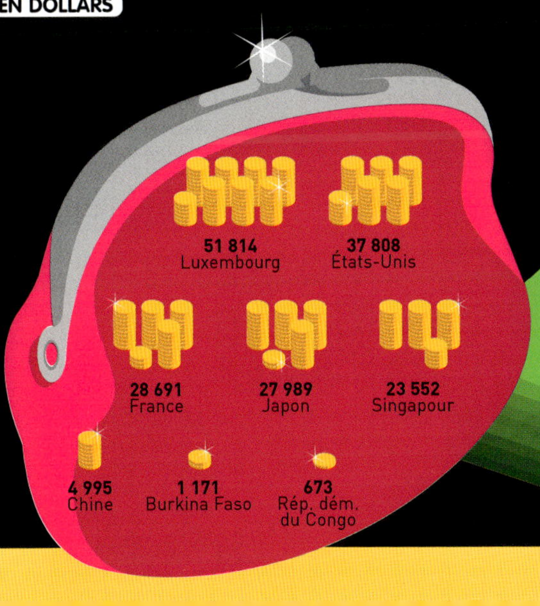

Le Programme des Nations Unies pour le Développement (PNUD) a mis au point un autre indicateur qui permet de mieux mesurer l'état de développement de la population d'un pays. C'est l'**Indice de Développement Humain (IDH)**, qui prend en compte trois éléments : l'espérance de vie à la naissance, le niveau d'instruction (alphabétisation des adultes et scolarisation des enfants) et le PIB par habitant. Quel que soit l'indicateur de mesure employé, les pays africains sont les pays les plus pauvres de la planète… Le PNUD utilise aussi deux éléments essentiels pour mesurer les écarts entre pays riches et pays pauvres : l'accès à l'eau potable (VOIR P. 102) et la mortalité infantile (VOIR P. 11).

L'IDH DANS LE MONDE

- IDH élevé (0,9 et plus)
- IDH (0,1 à 0,9)
- IDH (0,5 à 0,7)
- IDH faible (inférieur à 0,5)

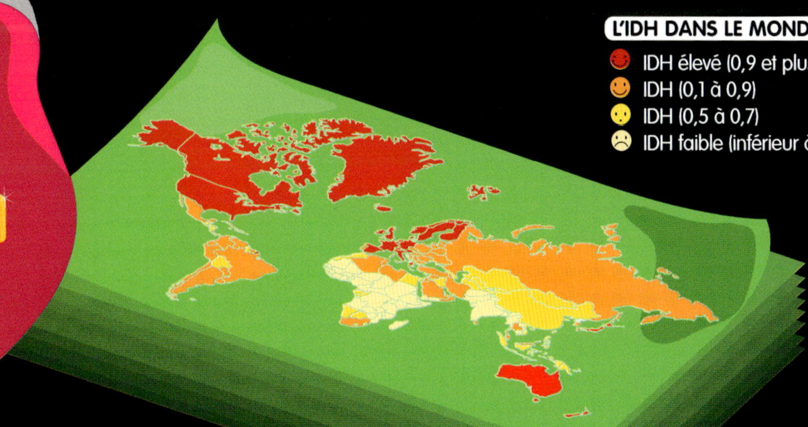

L'alimentation dans le monde

Avec les progrès de l'agriculture et la multiplication des échanges planétaires, on a longtemps espéré qu'au XXIe siècle, on ne parlerait plus de **« faim dans le monde »**. Or il n'en est rien. L'Onu estime qu'un quart des Africains, un quart des Asiatiques et un septième des Sud-Américains sont sous-alimentés, soit plus de **800 millions d'humains** dans le monde !
Cette **sous-alimentation** touche surtout les pays en développement, mais aussi certaines catégories de population dans les pays développés. Cependant, dans les pays riches, le problème serait plutôt la **suralimentation**, qui provoque obésité et autres maladies. Fournir de quoi se nourrir de manière équilibrée à l'ensemble des habitants de la planète est donc un grand défi à relever pour l'humanité.

❶ IMPORTATIONS, EXPORTATIONS
L'agriculture et l'élevage sont la clé de l'alimentation. Les pays peuvent produire eux-mêmes ou acheter à l'extérieur (on dit alors qu'ils *importent*) leurs produits alimentaires. Le **Japon,** qui dispose de peu de terres agricoles, est un importateur de blé.

❷ LE BLÉ, UNE CÉRÉALE MONDIALE
Par sa production et sa consommation, le blé est la céréale la plus importante dans le monde. Elle devance le riz, même dans les régions qui s'en nourrissaient presque exclusivement, comme les pays asiatiques. La Chine et l'**Inde,** qui sont parmi les plus gros producteurs de blé, sont obligées d'en importer pour satisfaire les besoins de leurs populations, très nombreuses.

FAMINE

❼ SÉCHERESSE
La région du **Sahel,** au Sud du Sahara, est depuis longtemps victime de la sécheresse et des invasions de criquets, qui détruisent les récoltes. Les habitants du Sahel sont toujours menacés d'insécurité alimentaire, mais l'Onu et les *ONG* interviennent pour éviter, grâce à l'aide alimentaire, des famines meurtrières, comme celle de 1974-75.

❸ LES SURPLUS DES PAYS RICHES

Les *pays développés* ont mis en place une agriculture performante fondée sur des machines, des semences sélectionnées, des engrais, des pesticides (contre les maladies et les insectes). Ainsi, les **États-Unis,** le Canada et l'Union européenne produisent un tiers des céréales, du lait et de la viande du monde, avec seulement 1 % des agriculteurs. Ils produisent plus que ce dont ils ont besoin. Ces surplus alimentaires sont *exportés* dans le reste du monde.

❺ LA RÉVOLUTION VERTE

En Asie du Sud-Est, en Inde, puis en **Chine** et dans la péninsule indochinoise, on a appliqué des méthodes modernes d'agriculture : c'est la « révolution verte » qui a permis de multiplier par trois en vingt ans la production, notamment de riz. Mais ces méthodes de culture ont dégradé les sols et réduit les ressources en eau. De plus, cette augmentation ne peut plus suivre la croissance démographique. Face à cela, deux pistes sont envisagées : agriculture biologique et *OGM* (VOIR P. 124).

❹ LA DÉPENDANCE DES PAYS PAUVRES

Les pays pauvres, essentiellement des pays agricoles, ne produisent pas assez pour nourrir une population qui croît encore beaucoup (VOIR P. 9). Leurs terres sont souvent mauvaises et leurs méthodes de culture peu modernes. Ils n'ont pas non plus assez d'argent pour importer les produits nécessaires. Dans certains pays, comme l'**Angola,** la population ne survit que grâce à l'aide alimentaire internationale.

❻ DES CULTURES D'EXPORTATION

En Afrique et en Amérique latine, de grandes plantations datant de l'époque *coloniale* produisent selon des méthodes modernes du café, du cacao, des fruits, de la canne à sucre. Mais ces produits sont exportés et ne servent pas à l'alimentation des populations locales (VOIR P. 97). C'est le cas du cacao de **Côte d'Ivoire.**

MALBOUFFE

DES DÉRIVES ALIMENTAIRES

Dans les pays développés, la course aux rendements agricoles au meilleur prix a produit certaines dérives, notamment dans l'élevage. Ainsi, nourrir les animaux avec des farines industrielles fabriquées à partir de carcasses de bêtes abattues semblait simple et économique. Cela a provoqué la « maladie de la vache folle », qui s'est propagée à l'homme. L'utilisation d'hormones pour accélérer la croissance des veaux met aussi en danger la santé des consommateurs.

SURALIMENTATION

Une alimentation excessive et souvent mal équilibrée peut provoquer l'obésité, considérée comme un grave problème de santé publique dans les pays développés, mais aussi dans les classes aisées de certains *pays en développement.* 50 % des Américains, 30 % des Européens, et près de 60 % des Malaisiens et des Philippins sont en surpoids. Et il y a de plus en plus de jeunes menacés d'obésité. D'autres maladies, notamment des maladies du cœur, sont dues à une nourriture trop riche (VOIR P. 114).

On mesure l'alimentation nécessaire pour vivre en calories. La ration alimentaire quotidienne qui permet de vivre correctement est de 2 400 calories. Mais c'est une moyenne : un adulte qui a un lourd travail physique a besoin de 5 000 calories par jour et une personne âgée inactive peut se contenter de 1 900 calories. On estime qu'au-dessous de 2 400 calories par jour en moyenne, une population souffre de sous-alimentation.

Nombre de calories par jour :

Principaux importateurs de blé

Principaux exportateurs de blé

Pays produisant d'importants surplus

❽ INONDATION

Le **Bangladesh** subit régulièrement des inondations qui dévastent les cultures et provoquent des famines. Grâce à l'aide alimentaire et à une bonne politique de développement, les grandes famines ont été vaincues. Cependant, toute une part de la population souffre encore de malnutrition.

❾ GUERRE

En **Somalie,** comme au Soudan et dans d'autres pays d'Afrique, ce sont moins les catastrophes naturelles qui provoquent des famines que les conflits, qui rendent impossible la pratique de l'agriculture et difficile l'acheminement de l'aide alimentaire vers les populations affamées.

❿ DICTATURE

En **Corée du Nord,** la famine sévit depuis dix ans et a fait des millions de morts. Le dictateur Kim Il Sung consacre toutes les ressources du pays à développer son armement. Ni l'Onu, ni les ONG ne peuvent contrôler la distribution de nourriture à ceux qui en ont besoin, dans ce pays *communiste* qui s'est fermé au reste du monde (VOIR P. 16).

D'où vient le sous-développement ?

Sur 100 habitants dans le monde, 85 vivent dans des pays en développement. Si, pour un certain nombre de ces pays, la situation s'est plutôt améliorée depuis 50 ans, dans l'ensemble, le retard pris est bien difficile à rattraper.

Nature hostile et forte population

Si l'on regarde une carte, on se rend compte que bon nombre de *pays en développement* sont situés dans des zones où le climat n'est pas très favorable aux activités économiques : il fait trop chaud ou trop froid, les territoires sont menacés d'inondation ou de sécheresse. Les méthodes agricoles traditionnelles ont appauvri la terre et provoqué la désertification (VOIR P. 120).

Par ailleurs, dans la plupart de ces régions, le nombre d'habitants continue à croître (VOIR P. 9). Comment nourrir ces populations nombreuses avec une terre pauvre, un climat difficile ? Les conditions naturelles et le poids de la démographie ne sont pas les causes les plus importantes. Plus que la géographie, c'est l'histoire qui est à l'origine du sous-développement.

L'histoire coloniale

Depuis le XVIe siècle et parfois jusqu'au XXe siècle, la plupart des pays du Sud ont été *colonisés* par les pays du Nord. Sur tous les continents, les puissances européennes ont conquis des territoires, soumis des populations, souvent de façon très violente, détruit les sociétés et les cultures existantes...

Une image de l'Afrique coloniale dans le *Petit Journal* (1923).

Pendant des siècles, la traite des Noirs (VOIR P. 41) a privé l'Afrique d'hommes et de femmes en pleine force de l'âge. Ce passé colonial a mis en place un rapport de domination du Nord sur le Sud et, pendant longtemps, les sociétés du Sud ne se sont plus développées par elles-mêmes. De plus, les pays colonisateurs (on dit aussi les « métropoles ») se sont emparés des ressources naturelles des pays colonisés.

Par l'exploitation des terres (plantations) ou du sous-sol (mines de fer, d'or et de diamant...), ils y ont créé un type de développement qui ne bénéficiait qu'à la métropole. Les populations locales, destinées à des fonctions de domestiques ou d'employés subalternes, recevaient une éducation de niveau inférieur. Leur survie dépendait du seul colonisateur, qui s'était approprié toutes les richesses.

❶ LES ÉCHANGES NORD-SUD

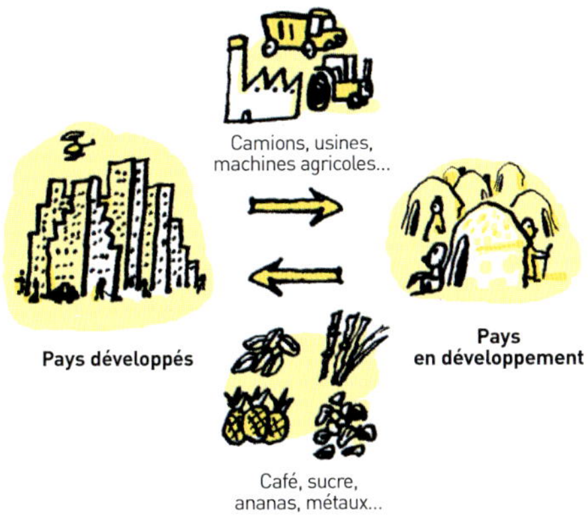

❷ LA CHUTE DES PRIX DES MATIÈRES PREMIÈRES

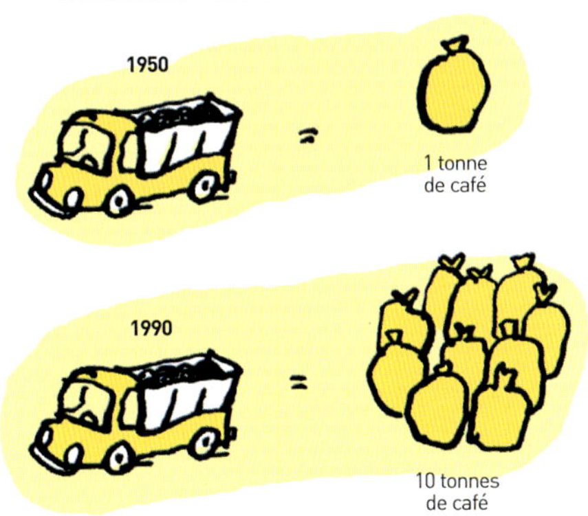

❸ COMMENT LES PRIX VARIENT

Un économie spécialisée

Aujourd'hui, les pays colonisés sont indépendants. Ils forment des États au même titre que les anciens colonisateurs et siègent comme eux à l'Onu. Mais les rapports de domination économique demeurent entre les *pays développés* et les anciennes colonies. Les économies des pays en développement sont peu *industrielles*. Elles se sont retrouvées « spécialisées » dans les seuls domaines que les colonisateurs avaient développés : l'agriculture (café, canne à sucre, fruits...) et les ressources du sous-sol, dont l'exploitation est assurée par de grandes compagnies *multinationales*.

Pour se développer, les anciennes colonies auraient besoin de s'équiper en outils perfectionnés, en moyens de transport, en machines agricoles, autant d'équipements qu'ils peuvent difficilement fabriquer puisqu'ils n'ont pas d'usines. Il faut donc qu'ils les achètent aux pays industriels. En échange, ils vont vendre des matières premières, c'est-à-dire des produits qui ne sont pas fabriqués : produits agricoles, ressources minières (VOIR SCHÉMA ❶).

Des relations inégales

Sur le marché mondial, les prix des matières premières agricoles ou minières ne cessent de baisser, parce que la production est trop importante (VOIR SCHÉMAS ❷ ET ❸). Les pays du Sud, et en particulier les pays d'Afrique, s'appauvrissent. Ce sont les *pays industrialisés* qui fixent les prix des produits en provenance des anciennes colonies. Dans le même temps, ils vendent très cher les produits qu'ils fabriquent. Pour acheter ces derniers, indispensables à leur développement, les >>>

>>> pays pauvres se sont lourdement endettés (VOIR CI-DESSOUS). Les relations inégales entre les pays développés et leurs anciennes colonies sont parfois désignées comme du « néocolonialisme ».

Dans certains pays, les paysans pauvres ont opté pour la production de plantes à *drogue* (cannabis au Maroc, coca en Colombie, pavot en Afghanistan, par exemple), persuadés qu'ils allaient pouvoir gagner beaucoup plus d'argent qu'avec des cultures alimentaires. En fait, s'ils s'enrichissent pendant un temps, ils se retrouvent dans l'illégalité et risquent à tout moment d'être arrêtés par la police. Établir des relations commerciales plus équitables avec les pays du Sud est un moyen de mettre fin à la culture de drogues (VOIR P. 107).

zoom La dette du tiers-monde

Aux difficultés de développement que rencontrent les pays du Sud s'est ajoutée la question du remboursement de l'argent qu'ils ont emprunté aux pays riches.

Dans les années 1970, les prix des matières premières sont assez élevés. **Des banquiers et des organismes internationaux comme le FMI ou la Banque mondiale pensent qu'on peut prêter de l'argent aux *pays en développement* pour qu'ils s'équipent et progressent.** Ils sont sûrs que ces pays pourront rembourser facilement leur emprunt avec l'argent gagné par la vente de leurs matières premières.

Manifestation contre la dette du tiers-monde à Birmingham (Grande-Bretagne) en mai 1998 : « la dette coûte des vies »...

Mais, dans les années 1980, les prix des matières premières s'effondrent, et il devient de plus en plus difficile pour les pays pauvres de rembourser leurs *dettes*. En outre, quand on emprunte de l'argent, on doit toujours rembourser plus : ce sont les intérêts. **Dette et intérêts finissent par peser si lourd que la majeure partie de l'argent gagné par ces pays sert à rembourser.** Il ne reste presque plus rien pour se développer ! Certains pays (le Mexique en 1982, plusieurs pays d'Afrique en 1990...) ne peuvent plus rembourser : c'est le surendettement.

Les organismes internationaux mettent alors en place **des plans de remboursement qui obligent les pays endettés à faire des économies sur les dépenses publiques** (santé, éducation, routes, transports, aides aux familles, retraites...) au détriment de populations déjà pauvres : un échec total en ce qui concerne le développement ! Aujourd'hui, beaucoup de gens demandent l'annulation de cette dette, qui pèse très lourd sur l'avenir de ces pays.

Les freins au développement

On a longtemps cru que les pays pauvres assureraient leur indépendance économique, comme ils avaient acquis leur indépendance politique. Mais bien souvent, ils ont du mal à passer d'une économie traditionnelle à une économie moderne.

La dépendance alimentaire

À l'heure de la *mondialisation*, tous les pays sont appelés à participer à l'économie mondiale (VOIR P. 24). Mais, pour que les échanges se fassent sur un pied d'égalité, chaque pays doit avoir au moins les moyens de nourrir correctement sa population. Or ce n'est pas le cas pour un certain nombre de pays pauvres.

À l'époque *coloniale*, les meilleures terres étaient réservées à des cultures de produits destinés à la métropole. Ce type d'agriculture, la « culture de rente », perdure aujourd'hui. Dans de grandes plantations, on produit des ananas, des bananes, de la canne à sucre, du café, du cacao, mais ils ne sont jamais vendus ni consommés sur place. Cette production, obtenue avec des méthodes modernes (engrais, machines agricoles), est entièrement *exportée*.

Culture traditionnelle : paysan labourant son champ au Zimbabwe.

Culture de rente : moisson d'un champ de soja en Zambie.

Pour les cultures « vivrières » (destinées à nourrir les habitants), il ne reste donc plus que les moins bonnes terres, cultivées avec des techniques anciennes et qui produisent peu. Ainsi, des *pays en développement*, surtout agricoles, doivent *importer* des céréales et de la viande pour nourrir leur population ! >>>

>>> Les pays les plus pauvres, souvent déjà endettés, ne peuvent pas payer. Ils ne satisfont leurs besoins alimentaires que grâce à l'aide alimentaire internationale (VOIR P. 92). Ils sont entièrement dépendants des pays riches.

Des infrastructures insuffisantes

Dans beaucoup de pays en développement, la vie économique est freinée par le manque de routes, de ponts, de chemins de fer, d'aéroports, qui ralentit la circulation des gens et des marchandises.
Les moyens de communication et d'information sont très insuffisants : réseaux téléphoniques médiocres, peu de téléviseurs et d'ordinateurs (100 fois moins en Afrique qu'aux États-Unis). Souvent, l'accès à l'eau est aussi un grave problème.
Selon les régions, les ressources en eau sont abondantes (Amérique du Sud) ou réduites (Sahel, Moyen-Orient, Inde). Mais, dans presque tous ces pays, des régions entières ne disposent pas de réseaux d'eau potable satisfaisants (VOIR P. 102).

De graves inégalités

Certains secteurs (exploitation du sous-sol, cultures de rente) fournissent des richesses.
Une économie « à deux vitesses » se met en place. D'un côté, il y a une économie rentable qui fonctionne sur le modèle des ***pays développés***, et qui profite à des compagnies ***multinationales***.
Elle fait gagner beaucoup d'argent

DES FREINS AU DÉVELOPPEMENT

à une toute petite minorité de gens qui vivent « à l'occidentale » et forment une élite, souvent liée au pouvoir politique. De l'autre côté, il y a une économie peu rentable qui fait vivre la majorité des habitants : agriculture vivrière, artisanat et petits métiers (domestiques, porteurs, cireurs de chaussures, trieurs d'ordures dans les décharges, vendeurs sur les marchés…). Ces activités, qui emploient beaucoup d'enfants, sont souvent très mal payées, il n'y a pas de protection sociale, ni de contrôle de santé.

Cette fracture sociale est un frein au développement. Pour beaucoup de pauvres des pays pauvres, il ne reste qu'une solution : l'émigration économique (VOIR CI-DESSOUS). >>>

zoom Les migrations économiques

D'un bout à l'autre de la planète, des gens migrent des pays les plus pauvres vers les pays riches en quête de travail et de meilleures conditions de vie.

Il ne faut pas confondre migration économique et asile politique. L'accueil des *réfugiés* politiques est soumis à des lois internationales (VOIR P. 82) : leur situation est régularisée et ils bénéficient d'une aide une fois leurs *droits* reconnus. Les étrangers arrivant dans les *pays développés* pour trouver du travail n'ont aucun droit, à moins qu'une entreprise du pays d'accueil ne leur fasse un contrat de travail. Et c'est de plus en plus rare : il n'y a déjà pas assez de travail pour tout le monde dans les pays riches !

Beaucoup de ces *émigrés* font le voyage dans des conditions très difficiles (soute d'avion, camion ou train de marchandises…) en payant très cher des **passeurs** qui leur font franchir les frontières. Ils se retrouvent *clandestins*, sans papiers, dans un pays étranger où ils peuvent se heurter au *racisme* ou aux violences policières. Certains, arrêtés un jour ou l'autre, sont renvoyés chez eux sans ménagement… Beaucoup cependant réussissent à travailler, clandestinement ou légalement, et envoient des sommes importantes à leur famille, restée au pays.

Dans les pays riches, il y a des gens qui critiquent l'*immigration* économique. Il est vrai que cela fonctionne mal. Et la plupart des immigrés préféreraient rester chez eux, s'ils pouvaient y trouver des conditions de vie correctes. Mais l'écart entre les pays développés et les *pays en développement* est tel, qu'à l'heure de la *mondialisation*, il paraît difficile d'empêcher les migrations humaines.

PRINCIPALES MIGRATIONS AUJOURD'HUI

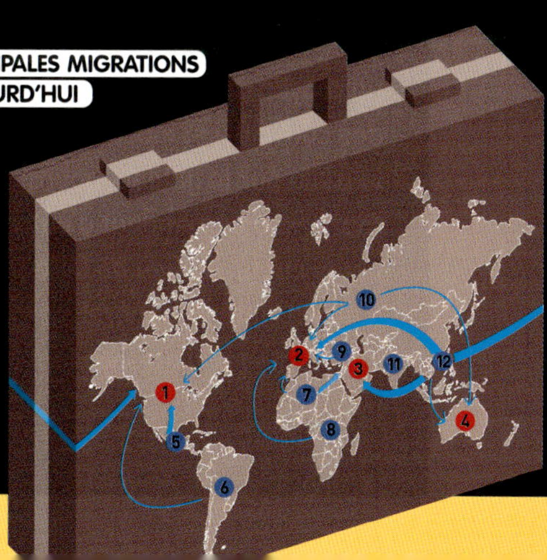

Régions d'immigration massive
1 Amérique du Nord
2 Europe occidentale
3 Moyen-Orient
4 Australie

Régions d'émigration massive
5 Mexique
6 Amérique du Sud
7 Afrique du Nord
8 Afrique subsaharienne
9 Turquie
10 Europe orientale
11 Inde et Pakistan
12 Asie du Sud-Est

→ Flux de migration

Des dirigeants irresponsables

On peut considérer les richesses d'un pays comme un gros gâteau. Ou bien on le partage entre ceux qui l'ont fabriqué, selon le travail qu'ils ont fourni et les ingrédients qu'ils ont apportés. C'est ce qui se passe dans les *démocraties* modernes (VOIR P. 42). Le partage n'est pas toujours juste, mais chaque *citoyen* a son mot à dire. Ou bien quelqu'un le mange tout seul ou avec quelques amis choisis. C'est ce qui arrive dans la plupart des pays en développement.

Ceux qui sont au pouvoir considèrent que l'argent gagné dans le pays leur appartient et doit servir à leurs seuls besoins personnels : il est placé sur des comptes en banque à l'étranger au seul bénéfice de ceux qui s'en sont emparés. Il n'est donc pas utilisé pour équiper le pays, pour éduquer ses habitants, pour lutter contre les maladies : le pays reste sous-développé. Ces dirigeants n'ont pas le sens des responsabilités.

Le fléau de la corruption

La cupidité de ces dirigeants, outre qu'elle détruit tout espoir de développement, corrompt l'État. Une partie de l'argent détourné est utilisé pour « acheter » les gens. Ainsi, certains payent les juges afin qu'ils ne les mettent pas en accusation pour leurs crimes. Et cela devient un mauvais exemple pour toute la société, à commencer par les fonctionnaires : les gens doivent leur donner, de la main à la main, une certaine somme d'argent, simplement pour qu'ils fassent leur travail !

Ainsi, à l'hôpital, on paie sa consultation, mais il faut aussi donner de l'argent au médecin, à l'infirmière, au secrétaire médical, sinon on n'est pas soigné. Pour obtenir un branchement d'eau, il faut payer, alors que, selon la loi, on y a droit gratuitement. Si on a cambriolé votre maison, il faut payer les policiers pour les faire venir. Mais le cambrioleur peut lui aussi, en payant, échapper à la prison. La *corruption* est un fléau qui contamine la société, détruit les lois et mine l'économie des pays.

La guerre remplace la politique

Quand le pouvoir apparaît comme un moyen de s'enrichir, il provoque des convoitises. « Si untel a mis la main sur le gâteau, pourquoi pas moi ? » se demandent d'autres petits chefs. Au lieu de faire passer d'abord l'intérêt général, certains dirigeants politiques veulent

Joseph-Désiré Mobutu descend de son avion personnel (1977). Comme beaucoup d'autres dirigeants africains, l'ancien dictateur du Zaïre s'était enrichi au détriment du développement de son pays. Sa fortune personnelle s'élevait à 8 milliards de dollars à sa mort en 1997. Le PIB/habitant en République démocratique du Congo (ex-Zaïre) n'est que de 673 dollars par an !

s'enrichir par tous les moyens. Tel Premier ministre va faire assassiner le président pour prendre sa place, tel gouverneur de province va se constituer une armée pour s'emparer du pouvoir ou devenir maître d'un territoire riche en minerai. Les guerres civiles qui ravagent l'Afrique et d'autres régions (VOIR P. 75), les régimes politiques qui règnent par la terreur s'expliquent ainsi (VOIR P. 16).

zoom

Un développement réussi : le modèle coréen

Depuis les années 1970, quatre pays asiatiques, appellés les quatre « dragons », sont sortis du sous-développement pour devenir des Nouveaux Pays Industrialisés (NPI) : Taïwan, Singapour, Hongkong et la Corée du Sud.

Employées coréennes sur une chaîne d'assemblage de téléphones mobiles.

La Corée du Sud, notamment, a bénéficié d'une véritable politique de développement menée par un gouvernement autoritaire, certes, mais tout à fait responsable en ce qui concerne l'avenir du pays. Les dirigeants ont misé sur l'*industrie* légère (encore proche de l'artisanat) : textile, cuir, jouets, composants électroniques.

La majeure partie de l'argent gagné en vendant ces produits a été investie dans l'équipement industriel du pays. La Corée s'est mise alors à fabriquer de l'acier, des bateaux, des automobiles. Elle a continué à *exporter*. La vente de ces nouveaux produits dans le monde entier a pu servir au développement de tous les secteurs d'activité. Ainsi, l'agriculture s'est modernisée. Le gouvernement a mis en place des systèmes de santé et d'éducation satisfaisants.

En trente ans, le pays est devenu une puissance économique indépendante et le *PIB*/habitant, multiplié par 7, est aujourd'hui égal à celui de certains pays européens (VOIR P. 91). Malgré la crise économique qui a touché tous les pays asiatiques en 1997, on vit plutôt bien en Corée. Et l'existence d'une classe moyenne, éduquée et ouverte sur le monde, laisse espérer une évolution vers la *démocratie* politique.

La Corée du Sud, une puissance économique

2e pour la construction navale

3e pour l'électronique grand public

5e pour l'industrie automobile

6e pour l'industrie sidérurgique

L'enjeu de l'eau

On a longtemps pensé que **les réserves en eau** de la planète étaient inépuisables. Or la forte augmentation de la population mondiale a entraîné **un besoin accru en eau** et le développement de l'industrie, la croissance des villes et les changements de modes de vie ont détérioré les ressources existantes. En un siècle, la moitié des zones humides de la Terre ont disparu et aujourd'hui, la moitié des grands fleuves sont **pollués** ou **en voie d'assèchement** ! L'eau joue un rôle décisif dans le développement. Mais **l'accès à l'eau, sur la planète, est très inégal.** Dans les pays développés, il suffit de tourner un robinet. Dans de nombreux pays en développement, on doit parfois faire des dizaines de kilomètres par jour pour chercher de l'eau. Et souvent, les quartiers défavorisés des grandes villes n'ont pas l'eau courante.

Ressources en eau

La Terre est une planète humide : elle contient 1,4 milliard de km³ d'eau. Mais l'essentiel de cette eau est salée ❶. L'eau douce ❷ ne représente que 2,6 % de ce volume et la majeure partie est stockée sous forme de glace ou enfouie dans les nappes souterraines, les sols gelés et les marécages. L'eau utilisable par l'homme ❸ dans les lacs, les fleuves et les rivières ne représente que 1 % du volume d'eau douce, soit **0,01 % de l'ensemble de l'eau de la Terre !**

Ces ressources sont inégalement réparties sur la planète. Dans certaines régions, les besoins en eau dépassent les ressources disponibles (pénurie grave), dans d'autres, les problèmes d'eau sont fréquents (stress hydrique).

Selon l'Onu, 10 millions de personnes meurent de soif chaque année, dont la moitié sont des enfants.

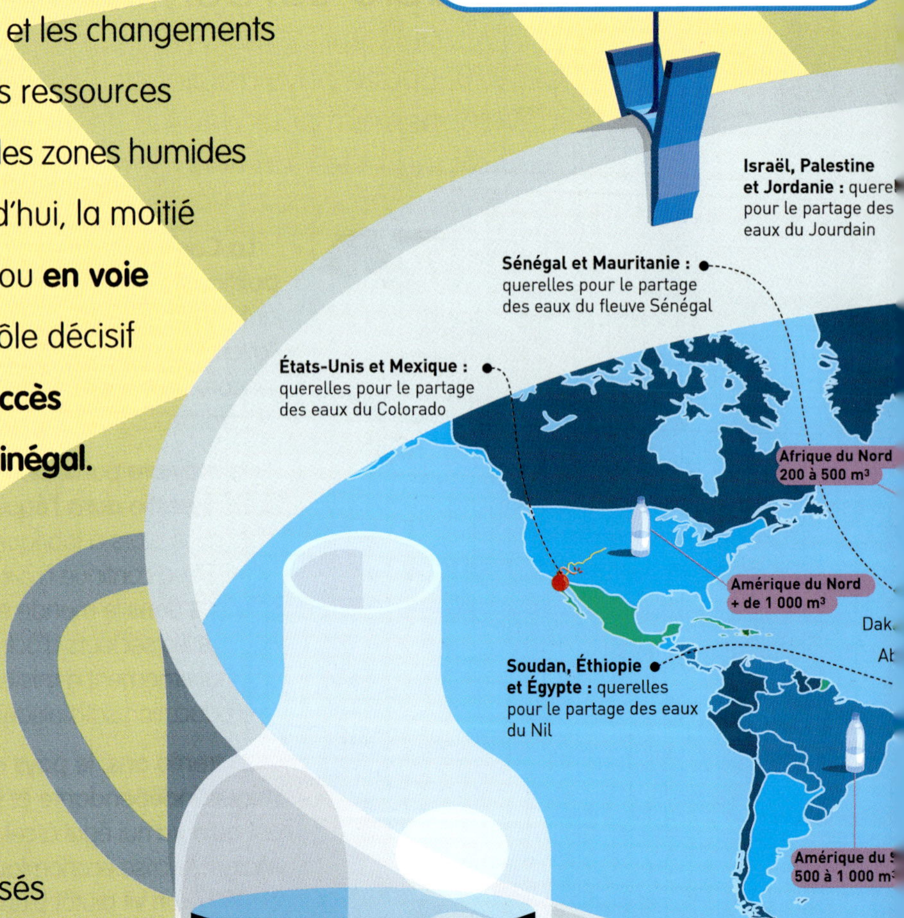

Lutter contre la pénurie

Dessaler l'eau de la mer pour l'irrigation.

Récupérer l'eau des glaciers et des calottes glaciaires des pôles.

Installer des pièges à brouillard : dans les déserts de Namibie et du Chili, de grands filets retiennent l'humidité et récupèrent une eau douce et pure, permettant d'alimenter des villages en eau.

Ressources en m³ par habitant et par an

- Moins de 1 000 (pénurie grave)
- 1 000 à 1 700 (stress hydrique)
- 1 700 à 5 000
- 5 000 à 15 000
- 15 000 à 50 000
- + de 50 000

Consommation en m³ par habitant et par an

Conflits liés à l'eau

Consommation et gaspillage

La consommation d'eau dans le monde augmente sans cesse : elle est quatre fois plus importante qu'en 1940.

10 % vie quotidienne **23 %** industrie **67 %** agriculture

La consommation est très variable selon les pays : on consomme par exemple vingt fois plus d'eau en Amérique du Nord qu'en Afrique subsaharienne (au sud du Sahara).

Cependant, **une partie importante de l'eau prélevée pour la consommation se perd :** 50 % dans les ***pays en développement,*** 25 % dans les ***pays développés*** ; elle s'évapore ou disparaît à cause des fuites dans les canalisations. À ce gaspillage s'ajoute une **consommation quotidienne souvent superflue,** surtout dans les pays développés : arrosage intensif des jardins, abus de l'eau pour la toilette, la lessive ou la vaisselle…

Dans vingt ans, si l'on ne fait pas attention, **plus d'un quart de l'humanité ne pourra pas satisfaire ses besoins élémentaires en eau.**

Chaque année, 5 millions de personnes meurent en buvant de l'eau polluée.

1 habitant de la Terre sur 5 n'a pas accès à l'eau potable.

Conflits liés à l'eau

Il n'y a pas de frontières pour les grands fleuves, qui traversent plusieurs pays. **La question du partage et du contrôle des eaux est au cœur de graves tensions entre les États.** Mais elle pourrait être aussi un élément de réconciliation.

En effet, face au danger de pénurie d'eau, la plupart des pays ont compris qu'il valait mieux coopérer que se battre. Et, un peu partout dans le monde, la gestion commune des eaux des grands fleuves est l'occasion pour les États de signer des **accords profitables à chacun et soutenus par les organisations internationales**.

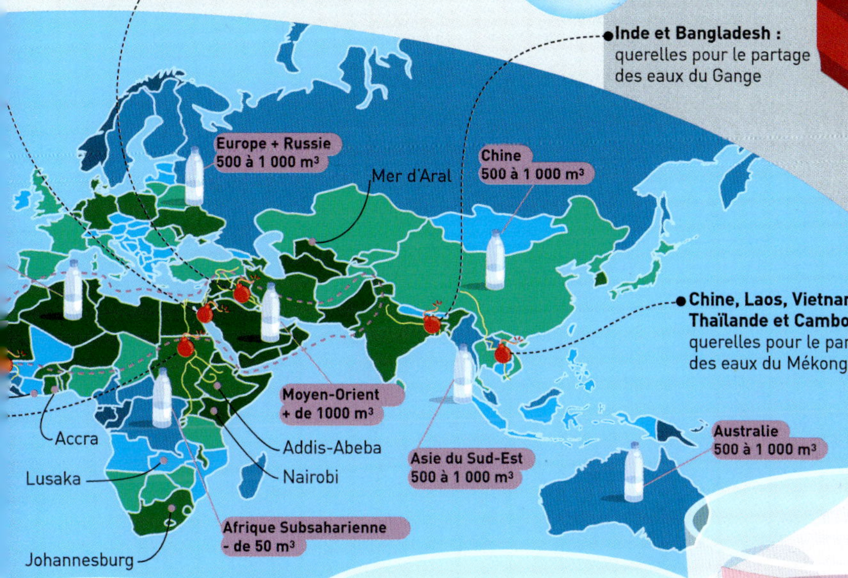

N PROGRAMME DE L'ONU

Onu a mis en place un programme
our l'alimentation en eau
e sept grandes villes africaines :
bidjan (Côte d'Ivoire), Accra
hana), Addis-Abeba (Éthiopie),
akar (Sénégal), Johannesburg
frique du Sud), Lusaka (Zambie)
Nairobi (Kenya).

LA MER D'ARAL (OUZBÉKISTAN)

Asséchée peu à peu pour irriguer les champs de coton, elle a perdu deux tiers de son volume en 40 ans. Les populations riveraines, qui vivaient de la pêche, n'ont plus de moyen de subsistance. Elles ***émigrent*** et la région devient un désert !

UNE SITUATION DRAMATIQUE

Dans les pays situés entre la Mauritanie et le Pakistan (voir zone indiquée en pointillés), les besoins en eau dépassent les ressources. On doit rationner la consommation et trouver des techniques pour produire ou ***recycler*** l'eau.

Préserver le patrimoine de l'eau

Lutter contre le gaspillage domestique

Chacun peut réduire sa consommation d'eau par un effort quotidien.

- Choisir de **prendre une douche** plutôt qu'un bain (économie : 80 l).
- N'utiliser la **machine à laver** (100 l) que lorsqu'elle est pleine.
- Fermer le robinet pendant **le brossage des dents** et utiliser un verre pour se rincer (économie : 14 l).
- Utiliser une bassine pour **la vaisselle** sans laisser couler l'eau (économie : 115 l).
- Réparer un robinet dès qu'il y a **une fuite** (un robinet qui goutte, c'est 27 l perdus dans la journée).
- **Arroser** le jardin ou le balcon la nuit pour éviter l'évaporation durant la journée (économie : 300 l pour 500 m²).

Recycler les eaux usées

Des stations d'épuration permettent de réutiliser de l'eau qui a déjà servi pour des usages domestiques (toilette, lessive, vaisselle…) ou ***industriels***. L'eau recyclée sert surtout à l'irrigation et au nettoyage, mais on arrive à récupérer de l'eau potable.

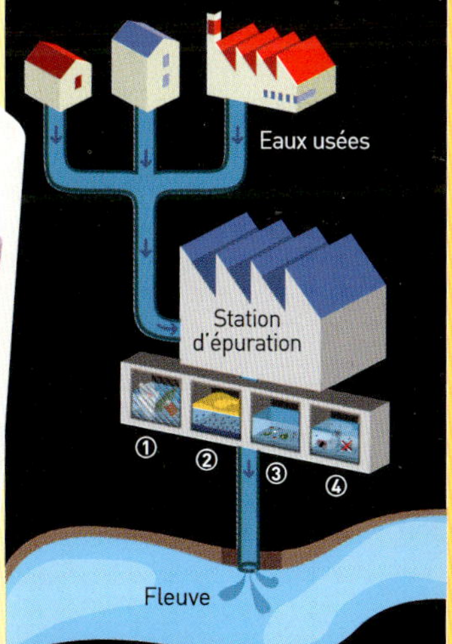

① Dégrillage ② Dessablage et dégraissage ③ Décantation ④ Traitement biologique

Vers un meilleur équilibre Nord-Sud

Lors de l'Assemblée générale de l'Onu en 2000, la communauté internationale a fixé un programme très ambitieux : réduire de moitié l'extrême pauvreté dans le monde d'ici à 2015. Ce sont les « objectifs du Millénaire ».

De la générosité à la coopération

Pour réduire de moitié la pauvreté dans le monde, il ne suffit pas que le Nord développé donne de l'argent au Sud sous-développé. Certes, pour parvenir à cet objectif, il faut de l'argent, mais il est surtout nécessaire que des transformations profondes aient lieu au sein des *pays en développement* ainsi que dans les relations entre le Nord et le Sud.

Les objectifs du Millénaire prévoient, outre la réduction de la pauvreté, sept programmes très concrets qui demandent une véritable coopération Nord-Sud (VOIR CI-DESSOUS).

Les aides publiques au développement

En 1970, l'Assemblée générale des Nations unies avait fixé la contribution que devaient verser les *pays développés* pour l'aide au développement à 0,7 % de leurs revenus. Or la plupart des pays n'ont jamais payé la somme prévue, et cet argent a souvent été mal employé. Ainsi, des projets énormes ont été mis en chantier alors qu'ils n'étaient pas adaptés : barrages énormes qui ont plus favorisé la désertification que la production d'électricité, aéroports surdimensionnés par rapport au trafic… Des sommes d'argent importantes destinées au développement ont fini dans les poches de dirigeants peu scrupuleux (VOIR P. 100).

Aujourd'hui, les pays donateurs font beaucoup plus attention et les aides accordées aux pays en développement sont accompagnées de conditions très précises : le gouvernement qui en bénéficie doit agir de façon responsable et dans le sens de l'intérêt général (on parle de « bonne gouvernance ») et les projets sont contrôlés.

De nouvelles façons d'aider

Désormais, on monte des projets plus modestes, ciblés sur les problèmes locaux (construction d'un dispensaire, creusement d'un puits…), on travaille en coopération

Les objectifs du Millénaire

❶ Réduire l'extrême pauvreté et la faim.

❷ Assurer l'éducation primaire pour tous.

❸ Promouvoir l'égalité des hommes et des femmes.

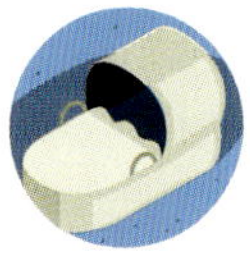

❹ Réduire la mortalité infantile.

❺ Réduire la mortalité maternelle.

❻ Combattre le *sida* et le paludisme (VOIR P. 114).

Le barrage de Selingue (Mali), construit grâce à l'aide internationale en 1980, fournit de l'électricité aux villes du pays, mais il a aussi inondé de vastes terres agricoles.

À ces constructions gigantesques, on préfère désormais des projets plus modestes mais mieux adaptés aux besoins des populations locales, comme la **construction d'un puits** (ici, au Burkina Faso).

avec des *ONG* qui connaissent bien la situation des gens que l'on veut aider.

Une autre forme d'aide se développe : le micro-crédit. Il s'agit de tout petits prêts permettant aux gens qui ont l'esprit d'entreprise de monter un petit magasin, un atelier. Souvent, les femmes ont su faire fructifier ces emprunts, notamment en Inde où, en montant des coopératives, elles ont fait démarrer l'économie de villages entiers.

Pour financer l'aide au développement, certains proposent de créer un ***impôt*** sur les énormes sommes d'argent qui circulent dans le monde (VOIR P. 26) : c'est la taxe Tobin, qu'exigent les ***altermondialistes***, partisans >>>

7 Assurer un *développement durable* (VOIR P. 130).

8 Mettre en place un partenariat mondial pour le développement :

> réduire la *dette* des pays en développement (VOIR P. 96).

> installer une coopération avec les laboratoires pharmaceutiques.

> favoriser l'accès aux nouvelles technologies.

> débloquer une aide pour les *Pays les Moins Avancés*.

>>> d'une ***mondialisation*** (VOIR P. 24) plus ***solidaire***. Ils demandent aussi que soient supprimées les subventions (les aides publiques) aux agriculteurs du Nord, qui déséquilibrent le marché des céréales au détriment des pays du Sud (VOIR P. 97).

Un partenariat Nord-Sud ?

De grandes entreprises des pays développés acceptent de s'engager dans l'aide au développement. Elles peuvent apporter des ***capitaux*** ou du matériel aux petites entreprises des pays en développement, former leur personnel, les faire bénéficier de progrès technologiques. Aider au développement, c'est bien sûr faire preuve de solidarité, mais c'est aussi créer un équilibre profitable à tous. Car le sous-développement génère des guerres (VOIR P. 78), du ***terrorisme*** (VOIR P. 72) et des maladies (VOIR P. 114) qui menacent la planète entière.

Des États dont les populations seraient bien nourries, éduquées, capables de prendre en main le destin de leur pays, deviendraient de vrais partenaires dans des relations politiques, économiques et culturelles plus justes. Voilà ce que devrait être la mondialisation !

AGIR POUR LE DÉVELOPPEMENT

Atteindre les objectifs du Millénaire est l'affaire de tous, au Nord comme au Sud. Un grand nombre d'associations humanitaires et d'ONG sont engagées dans l'aide au développement et font appel à la générosité des ***citoyens*** des pays développés. On peut donner de l'argent, bien sûr, ou des livres pour les écoles. Mais il peut être intéressant également d'entrer en contact avec ces gens qui s'engagent sur le terrain (équipe médicale, défenseur de l'environnement…). Pourquoi ne pas demander aux enseignants de faire venir un responsable d'association dans l'école ?
Une autre façon d'agir utilement est d'établir une correspondance avec une classe des pays du Sud : c'est un excellent moyen de faire connaissance entre futurs citoyens du monde, d'apprendre en direct quels sont les besoins d'écoliers de pays pauvres et de proposer, avec les parents et les enseignants, d'apporter une aide solidaire, en livres ou en matériel.

La taxe Tobin : l'idée d'une taxe sur les mouvements de capitaux pour financer l'aide internationale a été lancée en 1978 par l'économiste anglais James Tobin.

Les « éléphants blancs », c'est le surnom que l'on donne aux gigantesques chantiers très coûteux qui ont gaspillé l'aide internationale dans les années 1970.

« Les pays du Sud remboursent chaque année sept fois plus pour leur dette que ce qu'ils reçoivent en aide publique au développement. »
Sylvie Brunel, géographe, spécialiste du développement

Le commerce équitable

Des relations commerciales plus justes avec les producteurs du Sud peuvent contribuer à un meilleur équilibre entre pays développés et pays en développement.

Dans de nombreux domaines (production de café, de cacao, de coton ou de sucre, artisanat, commerce), des initiatives « *solidaires* » sont organisées par des associations et des *ONG*. Il s'agit de créer **des échanges commerciaux non pas pour le profit de quelques-uns, mais dans l'intérêt de chacun :**

– Les produits sont achetés directement aux petits producteurs, regroupés en coopératives, ce qui évite de passer par les multiples intermédiaires qui *importent* ces produits pour les grandes compagnies.

– Les prix d'achat sont « équitables ». Discutés avec les producteurs, ils leur assurent des **revenus corrects.** En échange, les petits producteurs s'engagent à fournir des **produits de qualité,** à ne pas faire travailler les enfants, à répartir entre eux les bénéfices de façon *démocratique*, et à **investir le surplus de ce qu'ils ont gagné dans le développement local** (construction de puits, achat de matériel agricole, etc.).

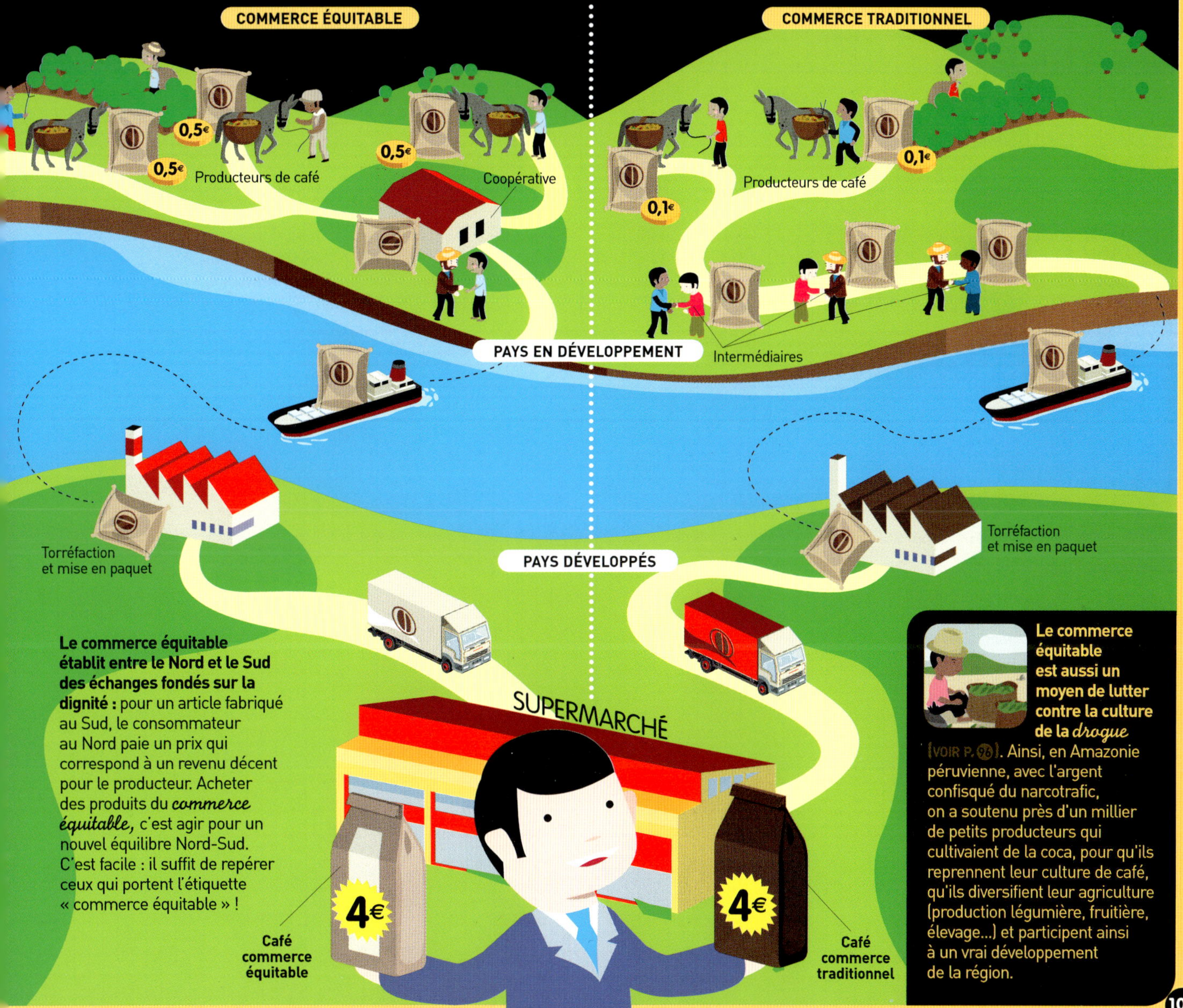

Le commerce équitable établit entre le Nord et le Sud des échanges fondés sur la dignité : pour un article fabriqué au Sud, le consommateur au Nord paie un prix qui correspond à un revenu décent pour le producteur. Acheter des produits du *commerce équitable*, c'est agir pour un nouvel équilibre Nord-Sud. C'est facile : il suffit de repérer ceux qui portent l'étiquette « commerce équitable » !

Le commerce équitable est aussi un moyen de lutter contre la culture de la *drogue* (VOIR P. 96). Ainsi, en Amazonie péruvienne, avec l'argent confisqué du narcotrafic, on a soutenu près d'un millier de petits producteurs qui cultivaient de la coca, pour qu'ils reprennent leur culture de café, qu'ils diversifient leur agriculture (production légumière, fruitière, élevage...) et participent ainsi à un vrai développement de la région.

Des pauvres dans les pays riches

Alors que les pays développés se sont globalement enrichis, la pauvreté y a progressé. On compte par exemple entre 3,5 et 4 millions de pauvres en France et 36 millions aux États-Unis. Comment en est-on arrivé là ?

Des revenus trop faibles

Être pauvre dans un *pays développé,* ce n'est pas la même chose qu'être pauvre dans un *pays en développement :* la pauvreté est relative au pays où l'on vit. En France, par exemple, en 2005, on considère comme pauvre une personne seule qui vit avec moins de 650 euros par mois ou une famille avec deux enfants qui vit avec moins de 1 300 euros par mois. Un tel revenu permettrait de bien vivre au Burkina Faso ou en Guinée équatoriale, mais pas de vivre dans de bonnes conditions dans un pays développé (VOIR P. 91). En France, il y a environ 2 millions de pauvres de moins de 60 ans, vivant seuls ou en couple et ayant en charge 1 million d'enfants. À ces chiffres s'ajoutent près de 500 000 personnes âgées vivant seules ou en couple.

D'où vient la pauvreté ?

Devenu une préocupation essentielle des pays développés depuis la crise des années 1970 (surtout en Europe), le *chômage* est une cause importante de la pauvreté : sur 100 personnes en âge de travailler, 10 n'ont pas d'emploi en France, 8 en Allemagne, 4 en Grande-Bretagne et 4 aux États-Unis.

Le travail, lui-même, est souvent mal payé. Certains emplois sont précaires : on est embauché pour une courte durée, et on ne sait pas si on trouvera un autre travail après. Beaucoup d'emplois sont à temps partiel, donc moins payés qu'à plein-temps. Quelquefois, ce sont les gens qui choisissent de ne pas travailler tout le temps, mais le plus souvent le temps partiel est imposé par l'employeur, et on ne peut pas le refuser, faute d'autre chose. Enfin, se multiplient aujourd'hui les « petits boulots » (bâtiment, restauration, livraison...), mal payés et sans *protection sociale*. La grande majorité des pauvres travaillent, mais avec des *salaires* très bas. On parle de « travailleurs pauvres ».

Un partage inégal

Moins d'emplois, des salaires qui n'augmentent pas... On pourrait

Nombre d'enfants pauvres dans les pays riches (sur 100 enfants)

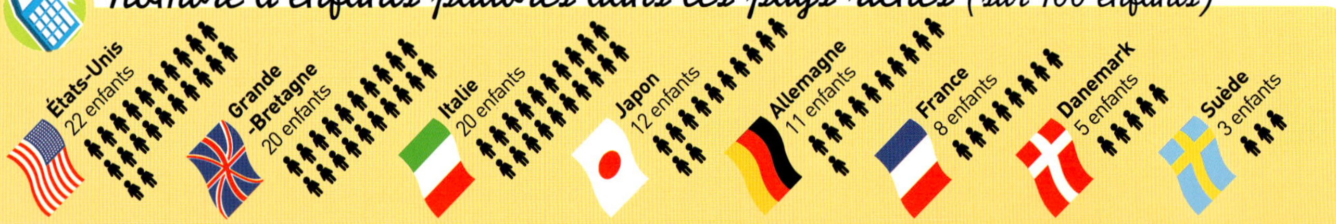

croire que c'est parce que les affaires ne marchent pas. Pas du tout ! Les entreprises des pays développés font de gros profits et certains patrons ont des revenus très élevés. Mais une partie de ces profits se font en réduisant la masse des salaires.

Beaucoup d'entreprises, en effet, considèrent aujourd'hui que, face à la concurrence mondiale, le travail dans les pays développés coûte trop cher. Comme dans certains pays, les salaires sont très bas, elles menacent de ***délocaliser*** (VOIR P. 24) et, de peur de perdre leur emploi, les salariés acceptent de gagner moins d'argent. Ainsi, les pays développés continuent à s'enrichir, mais la redistribution des richesses ne se fait pas bien. Et ceux qui ont de l'argent gagnent plus en plaçant leur ***capital*** en bourse que la plupart des gens qui travaillent !

Des garanties sociales

Depuis la fin du XIXe siècle, dans les pays européens et aux États-Unis, les gens se sont organisés en ***syndicats*** pour défendre leurs intérêts de travailleurs face aux patrons. Sous la pression des syndicats, les gouvernements ont peu à peu élaboré des lois sociales réglementant le temps de travail, interdisant le travail des enfants, fixant des salaires minimaux, contrôlant les conditions de travail et protégeant contre les ***licenciements*** abusifs. >>>

Être pauvre dans un pays riche

On parle de pauvreté, aux États-Unis ou en Europe, quand les gens n'ont pas de salle de bain, qu'ils ne peuvent pas se chauffer l'hiver, qu'ils n'ont ni télévision couleur, ni ordinateur, ni équipement électroménager.

La pauvreté, dans les pays riches, c'est aussi ne pas partir en vacances, ne pas pouvoir régler sa facture d'électricité ou de gaz, ou même son loyer, ne manger de la viande qu'une fois par semaine. Parfois, les parents ne peuvent pas payer la cantine et certains enfants ne font pas un vrai repas à midi !

Cette pauvreté est d'autant plus dure à vivre qu'autour de soi, on voit des gens qui vivent dans un confort qu'on n'a pas les moyens de s'offrir !

Les plus pauvres peuvent même ne pas avoir de logement : les SDF (Sans Domicile Fixe) sont plus de 86 000 en France, dont 16 000 enfants, qui dorment dans des foyers d'hébergement ou dans la rue !

>>> Après la Seconde Guerre mondiale, dans la plupart des pays développés, l'État a mis en place un système de ***protection sociale*** (retraite, assurance maladie ou « sécurité sociale », allocations familiales et allocation chômage), dont bénéficient surtout les salariés. Financé par les ***impôts*** et par les cotisations patronales – que le patron verse tous les mois pour la sécurité sociale et la retraite de chaque salarié –, ce système, qu'on appelle « État providence », a contribué longtemps à protéger les plus faibles en faisant participer les plus riches. On a construit ainsi un meilleur équilibre au sein des sociétés, avec le développement de classes moyennes qui, sans être riches, pouvaient avoir accès à la consommation.

Un système en crise

Depuis vingt ans, le système de protection sociale n'est plus suffisant. Les techniques médicales, de plus en plus coûteuses, et le vieillissement de la population (VOIR P. 10) pèsent trop lourd sur l'assurance maladie (d'où le « trou » de la sécurité sociale). On vit longtemps après avoir arrêté de travailler, et assurer à tous une retraite confortable devient difficile.

Face au chômage, à la baisse du pouvoir d'achat, à des conditions de travail plus dures, les gens sont moins combatifs : en France, sur 100 salariés, seulement 8 sont syndiqués contre 25 en 1950.

Dans la plupart des pays, le travail et la protection sociale ne sont plus une garantie contre la pauvreté. Les États font des économies sur les programmes d'aide aux pauvres. C'est vrai en Europe, mais c'est encore pire aux États-Unis où il n'y a pas de sécurité sociale et où prendre une assurance privée coûte très cher : 45 millions d'Américains n'ont pas d'assurance maladie !

Une exclusion sociale

Les pauvres et les chômeurs de longue durée, souvent relégués dans des quartiers ou des cités, se retrouvent exclus d'une société qui travaille et qui consomme. Dans des pays ***démocratiques,*** où la vie en commun se fonde sur l'affirmation de ***droits*** fondamentaux pour tous, cette situation est inacceptable.

Chez les jeunes, elle peut nourrir la révolte contre un système qu'ils perçoivent comme injuste. La misère peut les conduire à la ***drogue*** ou à la ***délinquance.*** La situation des personnes âgées pauvres, sans soutien familial, est également dramatique. Compte tenu du vieillissement de la population, c'est un problème auquel il est urgent de trouver des solutions économiques et humaines. Un régime démocratique ne peut laisser s'installer une société « à deux vitesses », avec d'un côté des gens qui profitent plus ou moins de la richesse du pays et, de l'autre, des pauvres, exclus de la vie sociale.

Aux États-Unis, à la fin des années 1970, un patron gagnait 30 fois plus que ses employés ; à la fin des années 1980, il gagnait 35 fois plus ; en 2005, 300 fois plus !

Ford, le grand pionnier américain de la construction automobile, disait en 1911 : « Je veux que tous mes ouvriers puissent acheter une Ford T ! » Il avait compris qu'en payant bien ses ouvriers, il allait se constituer une clientèle pour cette petite voiture populaire qu'il fabriquait à l'époque.

zoom

Une question sociale et politique

Pour tenter de réduire la pauvreté, les États des pays développés ont pris des mesures. Et, par le biais d'associations, de nombreux citoyens expriment leur solidarité avec les plus démunis.

Dans les pays de l'Union européenne, les chômeurs touchent une **allocation chômage** de l'État. Certains *impôts*, comme la CSG (Contribution Sociale Généralisée) en France, sont destinés à aider les plus pauvres, et particulièrement les chômeurs de longue durée. On assure chaque mois un **revenu minimum** à ceux qui n'ont plus aucune rentrée d'argent (en France, c'est le RMI). Récemment a été instauré un **système d'assurance maladie** pour tous : la CMU (Couverture Maladie Universelle), qui permet même aux plus pauvres de faire valoir leur droit à la santé. Cette aide publique (à laquelle s'ajoutent entre autres les allocations familiales) est assurée par le paiement de l'impôt : c'est une forme de **redistribution** de la richesse des pays.

Financées par des dons privés et par des fonds publics, nationaux ou européens, **de nombreuses associations** comme Emmaüs, le Secours populaire, l'Armée du Salut, les Restos du Cœur, ATD Quart Monde, **aident les gens en difficulté** (VOIR CI-DESSOUS).

Aux États-Unis, l'aide publique est peu développée. C'est la *solidarité* privée, à travers des fondations créées par les *citoyens* les plus riches, qui représente la part la plus importante d'aide aux populations défavorisées.

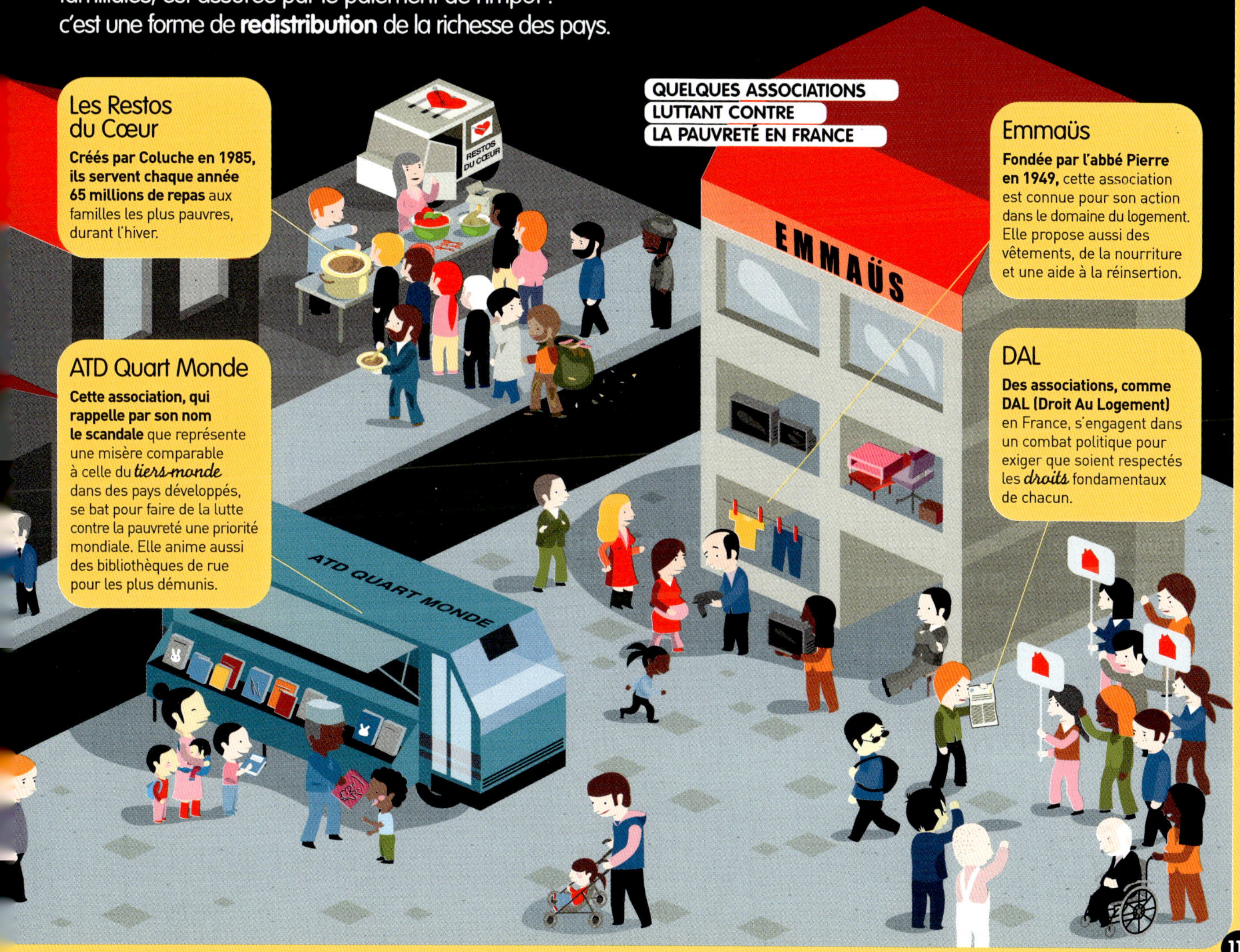

QUELQUES ASSOCIATIONS LUTTANT CONTRE LA PAUVRETÉ EN FRANCE

Les Restos du Cœur

Créés par Coluche en 1985, ils servent chaque année 65 millions de repas aux familles les plus pauvres, durant l'hiver.

ATD Quart Monde

Cette association, qui rappelle par son nom le scandale que représente une misère comparable à celle du *tiers-monde* dans des pays développés, se bat pour faire de la lutte contre la pauvreté une priorité mondiale. Elle anime aussi des bibliothèques de rue pour les plus démunis.

Emmaüs

Fondée par l'abbé Pierre en 1949, cette association est connue pour son action dans le domaine du logement. Elle propose aussi des vêtements, de la nourriture et une aide à la réinsertion.

DAL

Des associations, comme DAL (Droit Au Logement) en France, s'engagent dans un combat politique pour exiger que soient respectés les *droits* fondamentaux de chacun.

Des inégalités dans l'accès aux soins

Malgré les progrès extraordinaires de la biologie et de la médecine, des centaines de millions d'êtres humains dans le monde n'ont pas accès à des soins corrects. C'est le cas surtout dans les pays en développement.

Des moyens insuffisants dans les pays pauvres

La sous-alimentation, le manque d'eau potable, les logements insalubres rendent les populations des *pays en développement* très vulnérables aux maladies. Dans les campagnes, les gens ne peuvent venir à l'hôpital ou au dispensaire pour des soins quotidiens, car c'est trop loin de leur village : ils préfèrent ne pas se faire soigner plutôt que d'abandonner leur travail aux champs. En outre, les hôpitaux ou dispensaires existants manquent cruellement de moyens.

Dans les pays pauvres, le service de la *dette* (VOIR P. 96) est si lourd qu'il n'y a pas assez d'argent pour former le personnel médical et acheter des équipements modernes et des médicaments. Mais la pauvreté n'est pas la seule en cause. Il y a des raisons politiques : certains dirigeants préfèrent acheter des armes plutôt que de créer des systèmes de *protection sociale.* Il y a aussi des raisons culturelles : certaines communautés rejettent les malades hors du groupe social, et des croyances religieuses ou des superstitions empêchent les soins ou les mesures de prévention (VOIR INFO +).

La question des médicaments

Selon les accords signés au sein de l'Organisation mondiale du commerce en 1994, le laboratoire qui a découvert un médicament obtient un brevet qui lui permet d'être le seul à le vendre pendant 20 ans minimum. Ces accords sont entrés en vigueur pour les pays en développement en 2005. Désormais, pour mettre au point des génériques, c'est-à-dire des copies des médicaments de marque vendues beaucoup moins cher, ils devront attendre 20 ans, comme les *pays développés.* Cela, même s'il s'agit d'une nouvelle molécule très efficace pour soigner le *sida* ou le paludisme, maladies très répandues dans les pays du Sud ! (VOIR P. 114)

De plus, les laboratoires du Nord, qui sont les mieux équipés et à la pointe de la science, ne veulent pas

Des écarts entre le Nord et le Sud

	Sur 1 000 enfants	Sur 100 000 naissances	Pour 100 000 habitants
Pays développés	**5** meurent avant l'âge de 5 ans	**25 femmes** meurent pendant l'accouchement	**300 médecins**
Pays en développement	**170** meurent avant l'âge de 5 ans	**2 220 femmes** meurent pendant l'accouchement	**3 médecins**

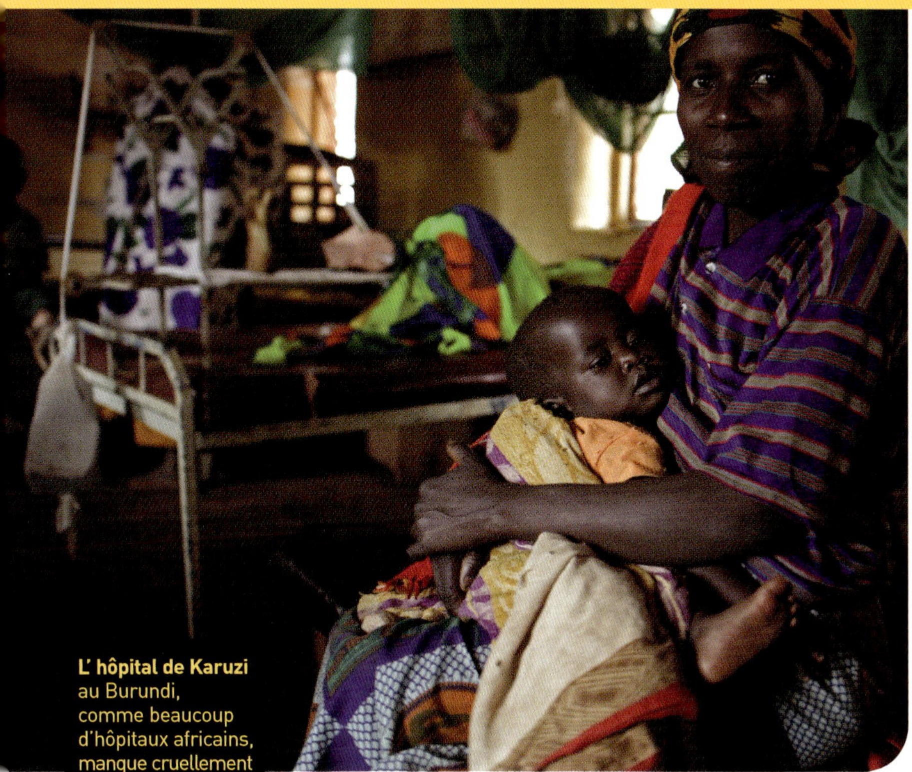

L' hôpital de Karuzi au Burundi, comme beaucoup d'hôpitaux africains, manque cruellement de moyens.

se lancer dans des recherches sur les maladies caractéristiques des pays pauvres : ce ne sont pas des marchés intéressants. Il y a beaucoup de malades, certes, mais pas d'argent pour acheter les médicaments. Et certaines méthodes de soin coûtent cher, notamment l'emploi des antirétroviraux (bi- ou trithérapie) qui, seuls, permettent actuellement de soigner le sida. La plupart des malades des pays pauvres ne peuvent y avoir accès. La logique commerciale est ainsi en complète contradiction avec les objectifs du Millénaire (VOIR P. 104).

Des inégalités au sein des pays riches

Dans les pays de l'Union européenne, en dépit des lois sur la protection sociale et l'assurance maladie (VOIR P. 110), l'accès aux soins reste difficile pour certains. Une partie de la population, touchée par la pauvreté, hésite à aller chez un spécialiste ou un dentiste. Or, à côté du minimum médical assuré par la sécurité sociale se développe une médecine privée, plus coûteuse. Le risque existe donc de voir se mettre en place une médecine « à deux vitesses », comme c'est le cas par exemple aux États-Unis, où n'est prévue aucune prise en charge publique des soins pour les pauvres.

Dans ce pays, et de plus en plus en Europe, des *ONG* interviennent pour donner des soins aux plus démunis. Parmi elles, on retrouve certaines organisations (Croix-Rouge, Médecins du monde, Médecins sans frontières, Care international...) dont la vocation était à l'origine d'intervenir dans les pays en développement.

info +

RELIGIONS ET SANTÉ

Dans le nord du Nigeria, on a noté en 2004 une recrudescence de la poliomyélite, qui avait quasi disparu. Cela, parce que les chefs religieux musulmans, opposés aux vaccinations, avaient interdit aux parents d'amener leurs enfants au centre de santé. Une campagne éclair de vaccination a été organisée par l'OMS. Et, pour obliger les parents à faire vacciner leurs enfants, le gouvernement nigérian a annoncé que ceux qui refuseraient seraient condamnés à une peine de six mois à un an de prison.

Aux Philippines, la distribution des préservatifs dans le cadre de la prévention contre le sida a été assurée pendant dix ans par l'aide humanitaire américaine. Le gouvernement philippin devait prendre le relais en 2004. Or la pression des autorités religieuses (catholiques) contre l'usage des préservatifs a été telle que les responsables politiques n'ont pas voulu poursuivre cette distribution. Le sida risque de reprendre ses ravages dans le pays.

Maladies et drogues

Dans les pays développés, grâce aux vaccins et aux antibiotiques, les **maladies infectieuses** (tuberculose, rougeole…) sont assez bien soignées. En revanche, ces maladies font encore beaucoup de victimes dans les pays en développement, où sévit aussi le **paludisme**. Certaines maladies, liées à la **consommation** et à l'**environnement**, sont caractéristiques des pays développés. Depuis les années 1980, le Nord comme le Sud sont touchés par le fléau du **sida**, mais c'est en Afrique que le virus fait les plus grands ravages. Enfin, la **drogue**, dont l'usage se répand partout sur la planète, et surtout dans les pays développés, constitue un autre danger pour la santé.

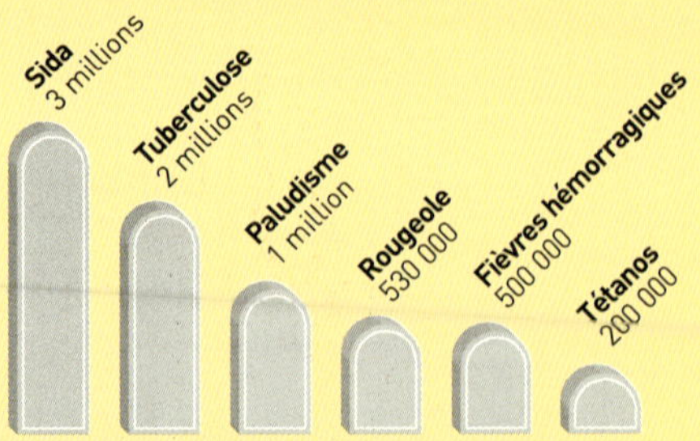

LES MALADIES LES PLUS MEURTRIÈRES
(nombre de morts/an)

DANS LES PAYS DU SUD

C'est dans les *pays en développement* que le sida, la tuberculose et le paludisme font le plus de victimes. L'Afrique est le continent le plus touché par ces fléaux, surtout par le ***sida*** : sur 100 personnes atteintes par le virus, 65 vivent en Afrique, au sud du Sahara. Pour la plupart des maladies touchant les pays pauvres, il existe des **vaccins** ou des **médicaments** efficaces, mais dans beaucoup de régions, **l'accès aux soins est insuffisant** (VOIR P. 112).

Outre les **insectes** et les **rongeurs, l'eau et les aliments contaminés par des microbes** provoquent de nombreuses maladies.

Les risques d'épidémie augmentent dans les **zones en guerre** ou dans des **camps de *réfugiés* surpeuplés.**

DANS LES PAYS DU NORD

***Les pays développés* ne sont pas touchés aussi violemment que les pays en développement par les trois fléaux.** Des médicaments, les antirétroviraux, permettent de soigner correctement les malades du **sida** – sans toutefois les guérir. La **tuberculose** est réapparue récemment, mais elle est bien soignée. Le **paludisme** a disparu depuis les années 1970, avec l'assèchement systématique des marécages.
En revanche, certaines maladies sont liées au **mode de vie** et à la **consommation** des pays riches.

Un certain nombre de **maladies nerveuses et mentales** sont dues au stress de la vie moderne.

Les **maladies cardiovasculaires** sont en partie liées à la nourriture et à la vie trop sédentaire.

La drogue

De quoi s'agit-il ?
Les ***drogues* sont des substances qui modifient le système nerveux.** Elles peuvent troubler les perceptions (hallucinogènes) ou transformer l'humeur ou le comportement (psychotropes) des personnes qui en absorbent. Elles créent souvent un **état de dépendance** (on a du mal à s'en passer) et ont **un effet nocif** sur la santé physique et/ou mentale du consommateur.

Quelles sont les différentes drogues ?
Certaines proviennent de **plantes :** du pavot (opium, morphine, héroïne), du chanvre ou cannabis (haschich, marijuana), de la coca (cocaïne, crack). D'autres sont des **produits chimiques** (amphétamine, LSD, ecstasy). La production et la consommation de ces drogues-là sont **illégales,** mais le **tabac** et l'**alcool,** dont l'usage est légal, sont aussi, à forte dose, dangereuses pour la santé.

En 2001, l'Onu a créé un Fonds mondial de lutte contre le sida, la tuberculose et le paludisme.

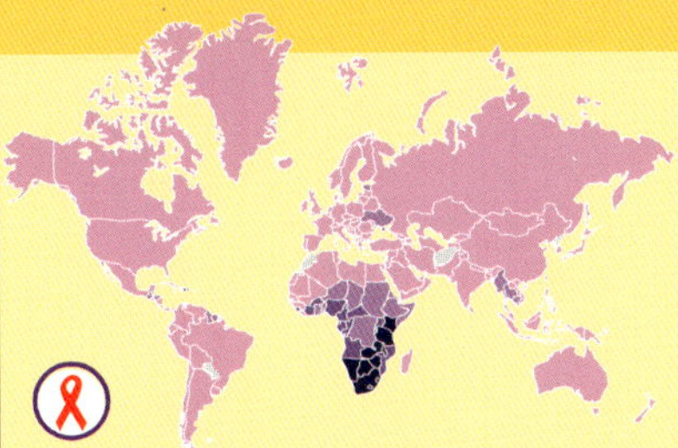

Le sida est une maladie infectieuse qui s'attaque au système de défense des cellules.

Pourcentage de la population adulte vivant avec le virus du sida

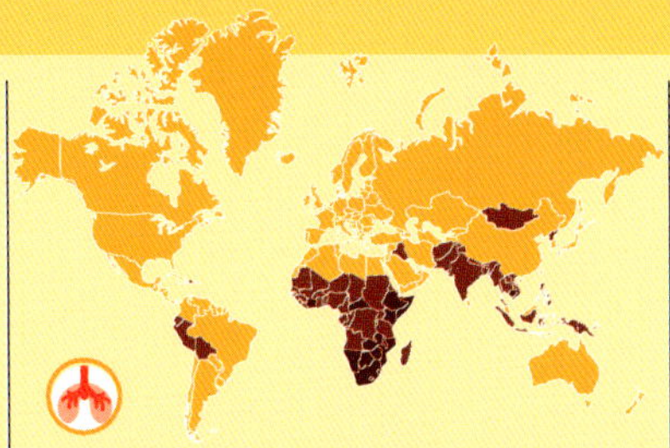

La tuberculose est une maladie infectieuse qui touche surtout les poumons.

Fréquence des cas (sur 100 000 personnes)

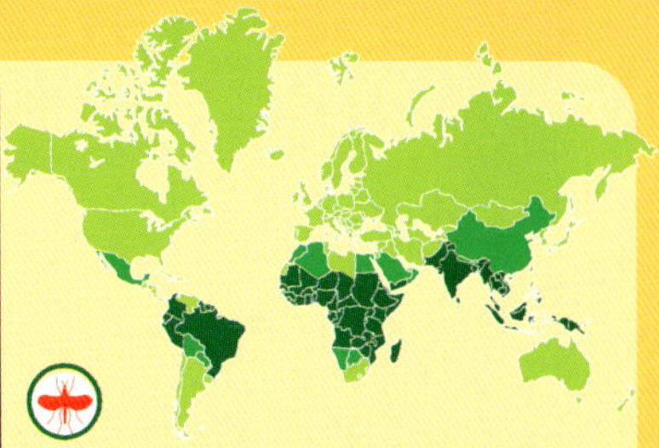

Le paludisme est une maladie parasitaire qui se caractérise par de fortes fièvres.

Risque

Des campagnes de **vaccination** sont organisées par l'OMS (Organisation Mondiale de la Santé) et l'Unicef dans tous les pays du Sud.

Des **mesures de sécurité** peuvent éviter les épidémies lorsqu'une de ces maladies se déclare quelque part : isolement des malades, désinfection, assainissement de l'eau, contrôle de la nourriture.

Sida et développement

Le virus du sida atteint surtout les **jeunes adultes**, c'est-à-dire ceux qui travaillent et font des enfants. Leur décès provoque un **ralentissement de l'économie** et laisse des quantités d'**orphelins**, sans moyens de subsistance et sans avenir. Un million d'**enfants** sont eux-mêmes atteints par la maladie, qui est transmise pendant la grossesse. Dans les pays pauvres, le coût des thérapies est encore trop élevé pour beaucoup de malades et le peu d'argent dont disposent les familles disparaît dans les soins et les frais d'enterrement. Impossible de faire la moindre économie. **Le sida anéantit ainsi les tentatives de développement.**

Les **cancers** sont surtout dus à l'environnement à la consommation d'alcool et de tabac, au stress.

L'**obésité** peut provoquer cancers, maladies cardiovasculaires et diabète. Cette maladie est due en grande partie à la « malbouffe » (nourriture de type fast-food, très riche en sucres et en graisses), au grignotage et au manque d'activités physiques.

1,7 milliard d'êtres humains sont en surpoids, parmi lesquels **300 millions sont vraiment obèses.**

185 millions de personnes dans le monde consomment des drogues illicites :
cannabis 150 millions
substances chimiques 30 millions
opium ou héroïne 15 millions
cocaïne 13 millions

Pourquoi les gens prennent-ils des drogues ?
Certains croient que c'est un moyen de dissiper les angoisses ou de fuir les difficultés. Parfois, surtout chez les jeunes, ils se trouvent dans un groupe qui prend de la drogue et ils n'osent pas dire non. **La drogue n'est jamais une solution,** au contraire ! Lorsqu'on a commencé, on a un mal fou à s'en sortir : toute la vie tourne autour de la drogue (comment s'en procurer, comment trouver l'argent pour l'acheter...). **On met sa santé en danger, on perd toute liberté et toute capacité de construire sa vie.**

Qui vend de la drogue ?
Ce sont les **narcotrafiquants,** des criminels qui détiennent **un marché mondial plus important que celui du pétrole !** Cet argent « sale » est surtout placé dans des banques des pays riches. Dans certains pays, il alimente la guerre ou la *corruption* (VOIR P. 100). La plupart des plantes à drogue sont cultivées dans les pays en développement (VOIR P. 96) et l'essentiel de la drogue est vendue très cher dans les pays développés.

Énergie renouvelable

5.

Catastrophes naturelles

Pollution

Sauvegarder la planète

Biodiversité

Écologie

Recyclage

Depuis une quinzaine d'années, l'alerte a été donnée : l'équilibre écologique de *la planète est en danger.*

Déforestation, gaz à effet de serre, pollutions diverses risquent de rendre un jour la Terre inhabitable. Et le principal responsable est l'homme lui-même, trop longtemps *inconscient des conséquences de son mode de vie.*

Mais plus le danger croît, plus son sens des responsabilités augmente. Partout dans le monde, on cherche des solutions et on met en œuvre des moyens pour laisser aux *générations futures* un monde où il fera bon vivre…

L'homme et la nature

Les équilibres au sein de la nature se maintiennent par des échanges continuels auxquels participent les éléments et les espèces vivantes. Mais ces équilibres sont fragiles !

La diversité du vivant

On connaît actuellement 1,7 million d'espèces végétales et animales, mais on estime qu'il y a en a plus de 20 millions ! On parle de ***biodiversité*** (du grec *bios*, « vie ») pour évoquer l'extrême variété des êtres vivants. Les scientifiques qui s'occupent d'écologie (VOIR CI-CONTRE) l'étudient à trois niveaux : au niveau des ***gènes***, c'est-à-dire ce qui fait la particularité de chaque être vivant ; au niveau des espèces présentes dans un milieu donné (la forêt amazonienne, le désert du Sahara...) ; et au niveau des ***écosystèmes***, c'est-à-dire des relations qui existent entre les espèces dans un milieu donné. La préservation de la biodiversité permet de maintenir les équilibres naturels de la planète.

La place de l'homme

L'être humain s'adapte à presque tous les milieux naturels, même les plus hostiles : on le trouve dans les

QUELQUES ESPÈCES MENACÉES OU EN VOIE DE DISPARITION

15589 espèces animales et végétales sont menacées de disparition, la plupart à cause de l'homme, responsable de la pollution, de la déforestation, du réchauffement de la planète, d'une chasse excessive...

1992 Convention des Nations unies sur la biodiversité
Chaque pays signataire s'engage à préserver la diversité des espèces et des écosystèmes de façon durable et à partager équitablement les ressources naturelles.

déserts les plus brûlants et dans les régions les plus froides. À la différence des autres espèces, il transforme profondément son milieu, en utilisant à son profit les éléments qu'il y trouve. Et cela depuis toujours : l'homme a domestiqué le feu ; en fabriquant des outils et des armes, il est devenu un prédateur redoutable ; il a modifié la surface du globe en abattant les arbres pour cultiver la terre. Au cours de l'histoire, il a créé les paysages (champs, prairies...), creusé les sous-sols pour extraire des minerais, tracé des routes, construit des villes, arrêté des cours d'eau par des barrages. L'aspect actuel de la Terre n'est pas le résultat d'une évolution naturelle, mais celui de l'action de l'homme.

zoom Qu'est-ce que l'écologie ?

Discipline scientifique, l'écologie occupe une part croissante dans la vie politique. Elle permet de comprendre les principaux enjeux pour l'avenir de la planète.

L'*écologie* est d'abord une science qui étudie les rapports des êtres vivants avec leur milieu (du grec *oikos*, « habitation » et *logos*, « étude »). Ce sont les experts en écologie qui ont eu l'idée d'observer les *écosystèmes* et se sont intéressés à la *biodiversité*. Ce sont eux aussi qui ont alerté l'opinion publique sur les risques que faisaient courir les actions humaines à l'équilibre général de la planète : pollution, épuisement des ressources... À force de modifier son milieu, l'homme l'a dégradé. Il met ainsi en péril la survie de la Terre, sa propre survie et celle des générations à venir (VOIR P. 130).

Le mot « écologie » a alors désigné une nouvelle préoccupation des hommes : la sauvegarde de la Terre. Cette préoccupation a conduit des *citoyens* du monde entier à s'engager dans la lutte contre la pollution et ses effets dévastateurs. Ils exigent des responsables politiques qu'ils fassent une priorité de la protection de l'environnement.

On parle de revendications « écologiques » et de militants « écologistes », comme les Verts en Europe. En 1982, alertée par les écologistes, l'Assemblée générale des Nations unies a adopté la Charte mondiale de la nature : « L'homme fait partie intégrante de la nature et sa survie dépend du maintien en bon état des écosystèmes naturels. »

UN EXEMPLE D'ÉCOSYSTÈME : LES MARÉCAGES D'EUROPE

Des risques pour l'environnement

Le développement permet de produire plus et de vivre mieux, mais il dégrade l'environnement et menace d'épuiser les ressources de la planète.

L'agriculture

Les engrais chimiques et les pesticides (contre les mauvaises herbes, les insectes et les parasites) permettent un temps d'obtenir des meilleures récoltes, mais ils polluent les sols et les nappes d'eau souterraines (ou phréatiques).

L'élevage, quand il est pratiqué de façon intensive, cause de graves pollutions : les excréments de porcs (le lisier) polluent les nappes phréatiques et le méthane dégagé par la digestion des bovins concourt à l'*effet de serre* (VOIR P. 122).

Pour créer de nouvelles terres à cultiver, dans les zones de forêts équatoriales, on abat les arbres à un rythme qui ne permet plus à la forêt de se renouveler.

L'élevage intensif de porcs dégrade l'environnement : les germes contenus dans le lisier polluent l'eau.

L'exploitation du bois supprime des pans entiers de forêts, dégageant des terres qui souvent ne sont même pas cultivables ! Cette déforestation a des conséquences fâcheuses sur le climat, la *biodiversité* (les espèces animales, très variées dans le milieu forestier, sont menacées de disparition), les modes de vie humains (les Indiens d'Amazonie sont contraints de quitter la forêt).

Les systèmes d'irrigation mis en place pour les cultures rentables (coton, maïs, café...) peuvent épuiser les ressources en eau et provoquer une véritable désertification.

Enfin, les *OGM,* présentés par certains comme une solution pour améliorer la production des plantes destinées à l'alimentation, suscitent aujourd'hui de grands débats (VOIR P. 124).

L'industrie

Les pollutions industrielles sont les plus visibles et les plus connues.

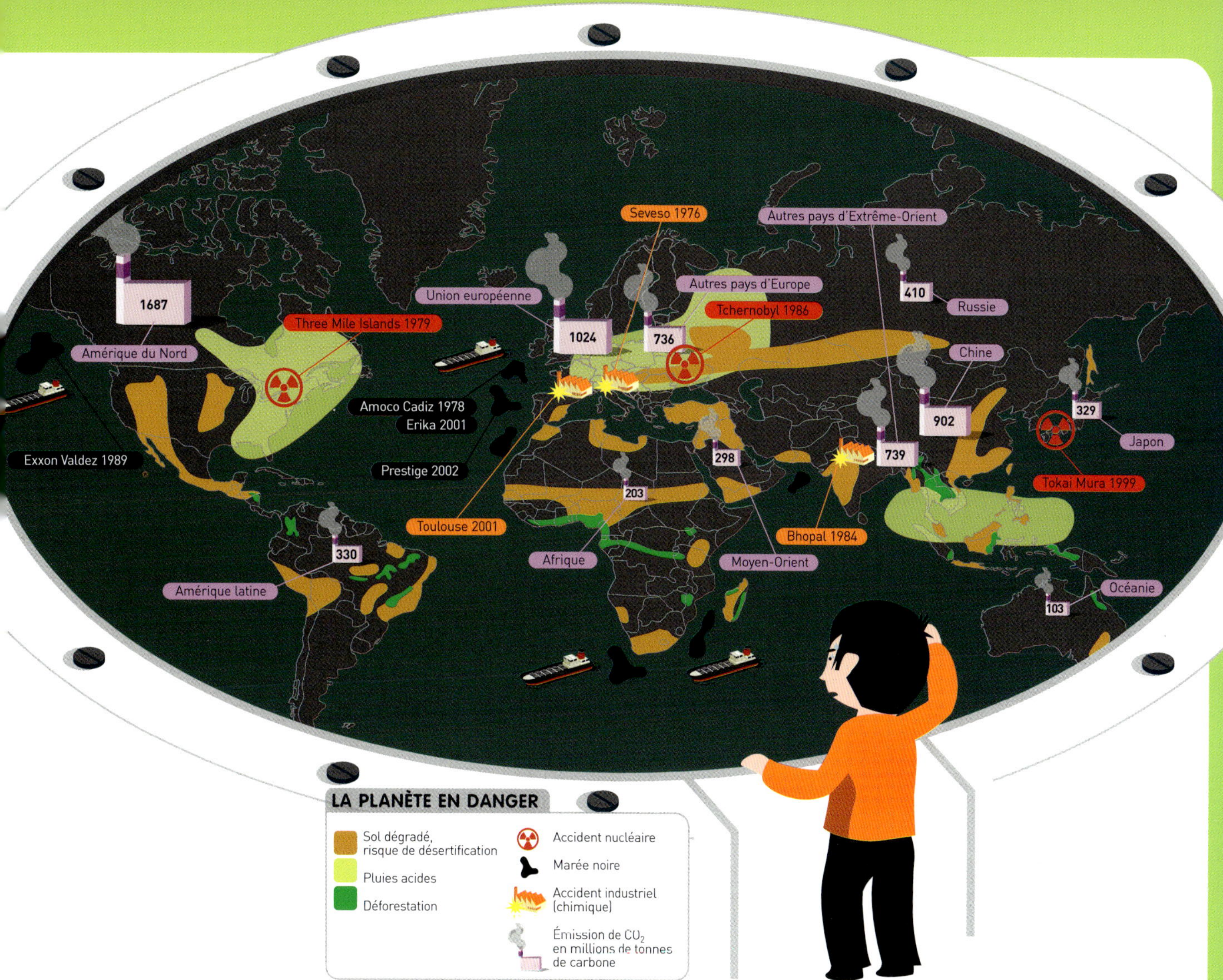

L'***industrie*** chimique notamment pollue l'air et l'eau. Des catastrophes comme Seveso (Italie, 1976), Bhopal (Inde, 1984) ou Toulouse (AZF - France, 2001) ont alerté l'opinion publique sur les risques liés à l'activité industrielle.

La production d'énergie (VOIR P. 125) est responsable de nombreux déséquilibres écologiques. Les énergies fossiles (charbon, pétrole) sont très polluantes. Le nucléaire produit des déchets radioactifs dangereux pour l'homme et l'environnement, et peut occasionner de très graves accidents, comme l'a rappelé l'explosion de la centrale nucléaire de Tchernobyl en1986. En outre, les centrales, qui utilisent beaucoup d'eau dans leurs circuits de refroidissement, provoquent un réchauffement des cours d'eau, néfaste aux ***écosystèmes*** fluviaux.

Transports et vie moderne

Le mode de vie dans les ***pays développés*** est lui-même une menace pour la planète et pour l'homme. Le développement des transports, notamment, est à l'origine de graves pollutions.

Les gaz d'échappement et les fumées industrielles, en se concentrant dans les nuages, provoquent des « pluies acides », qui ont fortement endommagé la végétation en Europe centrale et orientale.

L'accumulation de gaz appelés CFC, utilisés dans les réfrigérateurs et les bombes aérosols, a « troué » par endroits, surtout au niveau du pôle Sud, la couche d'ozone qui protège les êtres vivants des rayons ultraviolets (UV) du Soleil.

Le naufrage des navires pétroliers entraîne des « marées noires » qui détruisent l'environnement et la biodiversité marine. >>>

>>> Gros pollueurs de l'atmosphère, les avions et les voitures font aussi beaucoup de bruit. Ils peuvent causer des troubles de l'audition chez les gens qui habitent près des aéroports ou des autoroutes.

Le tourisme de masse pollue des zones entières et, en modifiant profondément certains paysages ou en faisant disparaître certaines activités traditionnelles (agriculture, pêche...), il provoque de graves désordres économiques et écologiques.

Des menaces sur le climat

Certains gaz de l'atmosphère terrestre, comme le CO_2 (dioxyde de carbone, ou gaz carbonique) et le méthane, retiennent naturellement une partie des rayons du Soleil : c'est l'effet de serre (VOIR SCHÉMA), qui permet à la Terre de maintenir une température moyenne de 15 °C et non de –18 °C si celui-ci n'opérait pas. Mais, depuis une centaine d'années, la quantité de ces gaz a beaucoup augmenté à cause des activités humaines, surtout la combustion du charbon ou du pétrole (transports, usines, chauffage...). Cet écran qu'ils forment dans

question d'enfant

LE RÉCHAUFFEMENT DU CLIMAT EST-IL DANGEREUX ?

Oui. C'est un danger pour la biodiversité. Certaines espèces ne pourront pas s'adapter à ce réchauffement trop rapide. En revanche, des microbes risquent de proliférer. Provoquant la fonte des glaciers et des calottes glaciaires aux pôles, il entraîne aussi une montée du niveau de la mer. Ainsi, des zones côtières sont en danger sur tous les continents et les îles Tuvalu, dans le Pacifique, sont menacées de disparition. Le réchauffement du climat est à l'origine de perturbations climatiques violentes : les cyclones sont plus destructeurs, les tempêtes plus fortes. Quand l'atmosphère est chaude, les pluies sont plus abondantes (risques d'inondation), mais dès qu'elles s'arrêtent, la sécheresse peut vite s'installer et occasionner de graves incendies, comme ceux qui ont ravagé l'Asie du Sud-Est en 1998.

L'EFFET DE SERRE

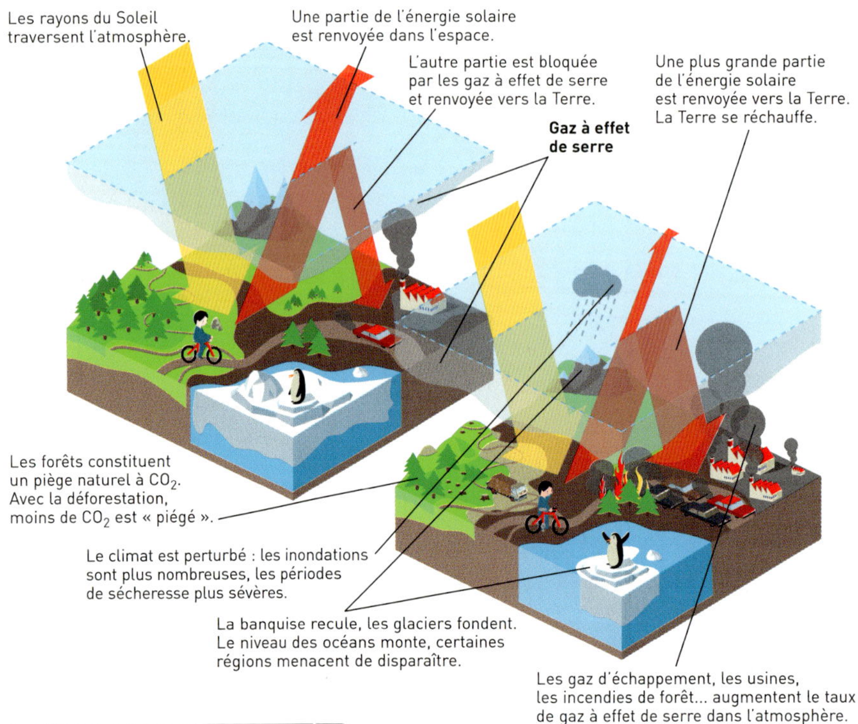

LE RÉCHAUFFEMENT DE LA PLANÈTE

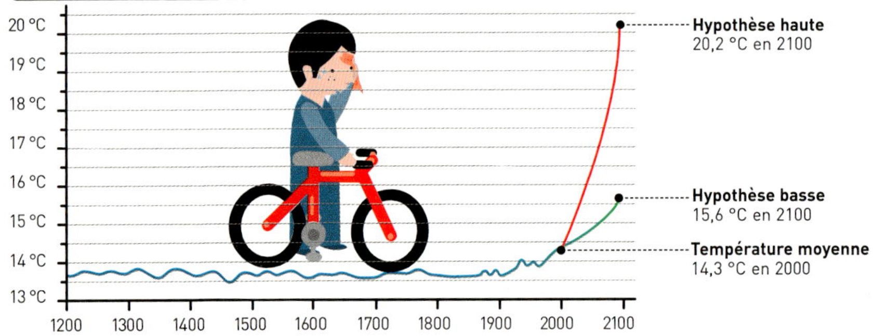

l'atmosphère s'est beaucoup épaissi, et il retient une plus grande partie de l'énergie solaire, ce qui provoque un réchauffement de l'atmosphère. Les scientifiques s'inquiètent : le climat de la Terre est en train de changer et les conséquences risquent d'être catastrophiques ! (VOIR SCHÉMA CI-CONTRE)

Une planète poubelle ?

La vie moderne produit toujours plus de déchets. Outre le contenu des poubelles domestiques et les emballages (surtout les plastiques), les déchets industriels posent de graves problèmes. Que faire de tous ces restes qu'il est impossible de détruire ou de *recycler* ? Certains matériaux peuvent être brûlés, mais les fumées dégagées risquent de polluer l'atmosphère. D'autres, comme les substances chimiques ou nucléaires, sont très dangereux. Ils sont pour la plupart enfermés dans des containers qu'on enterre ou qu'on place au fond des mers, mais sans être certain qu'un jour ils ne s'échapperont pas. On a même pensé les satelliser autour de la Terre, mais est-ce vraiment plus sûr ?

Des entreprises peu recommandables proposent leurs services aux industriels pour les débarrasser de leurs déchets. Elles se font payer très cher, mais se contentent souvent de larguer ces containers dangereux au large des côtes, surtout celles des pays du Sud, moins habitées et moins contrôlées. Certaines régions du monde, qui ont déjà de graves problèmes de développement, seraient-elles destinées à devenir les poubelles de la planète ?

Protéger l'environnement

Sous la pression des *ONG*, plusieurs accords internationaux, initiés par l'Onu, ont été signés.

Le Protocole de Montréal (1987) réglemente la production des CFC (VOIR P. 121) qui appauvrissent la couche d'ozone. Leur fabrication a >>>

AGIR POUR L'ENVIRONNEMENT

Les traités internationaux sont indispensables pour coordonner toutes les actions au niveau de la planète, mais la protection de l'environnement est aussi l'affaire de tous, au quotidien. À chacun de respecter ces règles élémentaires :

- **> prendre les transports en commun** plutôt que son véhicule individuel.
- **> économiser l'énergie** et utiliser de l'énergie non polluante (VOIR P. 125).
- **> trier les ordures** afin de permettre le recyclage de certains matériaux (papier, carton, plastique, métaux…).
- **> acheter des produits recyclables** respectant la couche d'ozone.
- **> éviter les emballages plastiques** (VOIR SCHÉMA CI-DESSOUS).

DURÉE DE DÉGRADATION DE CERTAINS MATÉRIAUX DANS LA NATURE

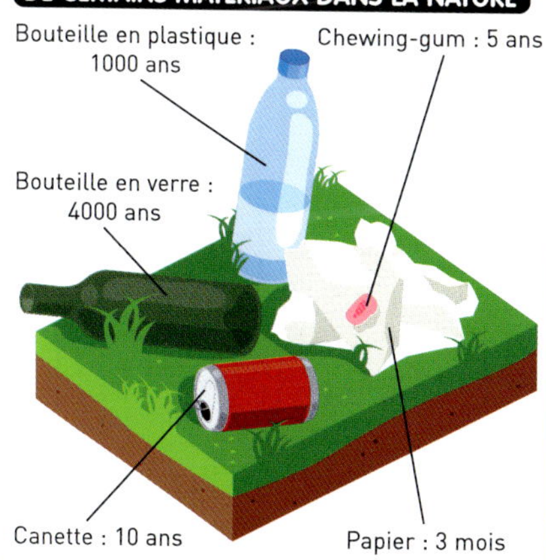

zoom Débat autour des OGM

Les progrès de la biologie ont permis de mettre au point des techniques de modification des êtres vivants à partir de leurs gènes. Dans le domaine agroalimentaire, on a ainsi produit des « organismes génétiquement modifiés » (OGM).

Les *OGM* sont des plantes (soja, maïs, coton, colza, mais aussi riz, tabac, pomme de terre...) qu'on a modifiées pour leur permettre de mieux résister aux insectes, aux maladies ou aux climats difficiles (froid, sécheresse) et ainsi fournir des récoltes plus sûres et abondantes. Certains estiment que les OGM pourraient résoudre les problèmes d'alimentation dans les *pays en développement* (VOIR P. 92). Mais ces plantes « trafiquées » sont-elles sans danger pour la santé humaine ? On n'en est pas encore sûr...

Par ailleurs, les plantes modifiées, mieux armées contre les agressions de toutes sortes, risquent de prendre la place des plantes naturelles, plus fragiles, ce qui peut menacer la *biodiversité*. On craint aussi que, face aux OGM, les insectes et les parasites des plantes renforcent leurs défenses et deviennent plus résistants.

Enfin, ce sont les *multinationales* des *pays développés* qui détiennent des brevets leur assurant la vente exclusive de ces produits. Le marché des semences brevetées est une source de profits importants et accentue encore la dépendance des pays en développement à l'égard des pays développés (VOIR P. 97).

Face à ces incertitudes, bon nombre de consommateurs ont déclaré ne pas vouloir acheter de produits fabriqués à partir d'OGM. L'Union européenne, qui en produit peu, avait, de 1999 à 2004, interdit l'*importation* d'OGM. Elle l'a autorisée depuis, mais impose un étiquetage rigoureux : chaque produit contenant des OGM doit être signalé aux consommateurs. Ce sont peut-être eux qui, en *boycottant* ces produits (en refusant de les acheter), empêcheront les OGM d'envahir le monde. Il n'en reste pas moins que la surface cultivée en OGM a été multipliée par 35 depuis 1996 !

Recherches en laboratoire sur le maïs transgénique.

>>> été stoppée depuis 1996 dans la plupart des pays développés et doit s'interrompre d'ici 2010 dans les *pays en développement*. Grâce à cet accord, la couche d'ozone devrait se rétablir au cours des cinquante prochaines années.

Le Protocole de Kyoto (1997) prévoit que les pays industriels réduisent leurs émissions de gaz à effet de serre (surtout CO_2 et méthane) d'un tiers entre 2008 et 2012 par rapport à leurs émissions de 1990. 141 pays l'ont ratifié, mais pas les États-Unis, qui sont les plus gros pollueurs ! Ce protocole accorde à chaque pays un taux d'émission de CO_2 qu'il ne doit pas dépasser. Toutefois, les *pays industrialisés* peuvent racheter aux pays en développement leur « permis de polluer » (dont ils ont moins besoin, car ils ont moins d'industries).

Le Protocole de Carthagène (2003) vise à protéger la biodiversité contre les risques éventuels liés aux OGM.

La question de l'énergie

La production de l'énergie nécessaire aux activités humaines provoque de graves pollutions. L'une des plus importantes sources d'énergie, le pétrole, s'épuise. Il est urgent de trouver d'autres ressources respectant l'équilibre écologique de la planète.

Barrage des Trois-Gorges sur le Yang Tse Kiang (Chine). Cette gigantesque construction provoque de graves déséquilibres de l'écosystème régional.

Qu'est-ce que l'énergie ?

L'énergie, c'est une force qui produit une action. La première source d'énergie est le Soleil, qui par son rayonnement a fourni la chaleur et la lumière permettant l'éclosion de la vie sur la Terre. Pour se chauffer, pour cuire ses aliments, l'homme a toujours eu besoin d'énergie. Mais depuis la *révolution industrielle,* à la fin du XVIIIe siècle, elle a pris une place centrale dans les activités humaines.

Aujourd'hui, non seulement on consomme de l'énergie, mais on en produit (par exemple l'électricité). On distingue les énergies fossiles (le charbon, le pétrole, le gaz naturel, formés durant l'histoire de la Terre et qui existent en quantité limitée) et les *énergies renouvelables,* qui ne risquent pas de s'épuiser : les énergies solaire, hydraulique (produite par l'eau), éolienne (produite par le vent) et celle qui provient de la décomposition de la matière vivante (biomasse)...

Actuellement, dans le monde, on utilise surtout des énergies fossiles (80 %). Viennent ensuite les énergies renouvelables (13 %) et enfin l'énergie nucléaire (7 %). Les *pays développés* consomment beaucoup plus d'énergie que les *pays en développement,* >>>

Flash sur l'électricité

La France produit son électricité

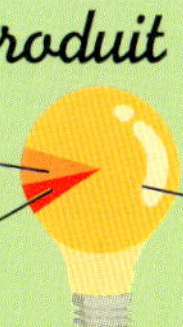

2 milliards de personnes

dans le monde n'ont pas encore accès à l'électricité.

Consommation moyenne d'électricité par an et par habitant :

→ **États-Unis :** 14 000 kwh
→ **France :** 7 000 kwh
→ **Afrique :** 520 kwh

>>> notamment pour l'*industrie* et les transports, mais aussi pour le confort de la vie quotidienne (chauffage, électroménager...).

La solution de l'énergie hydraulique ?

Le pétrole et le charbon sont en partie responsables du renforcement de l'*effet de serre* (VOIR P. 122) et ils devraient s'épuiser bientôt (VOIR CI-DESSOUS). L'énergie hydraulique peut-elle prendre le relais ? Elle est propre, bon marché et renouvelable. Mais les barrages nécessaires à sa production bouleversent les *écosystèmes* et la vie des populations : des villes et des villages sont engloutis, des terres agricoles inondées et d'autres menacées de désertification. À cela s'ajoutent des risques de conflits liés à l'eau (VOIR P. 102) autour des barrages sur l'Euphrate ou le Nil par exemple.

Alors que dans les pays développés, on n'érige plus d'énormes barrages (on en détruit même aux États-Unis sous la pression des *écologistes*), on en construit partout dans les pays en développement (1 600 sont en cours dans 40 pays), avec des conséquences très lourdes pour les habitants : en Chine, pour mettre en chantier le barrage des Trois-Gorges, on a déplacé un million de personnes !

Le nucléaire en question

L'énergie nucléaire utilise aussi des ressources fossiles (uranium), mais en très petite quantité. Elle ne produit pas de CO_2 et permet de produire une électricité bon marché, en très grande quantité (VOIR SCHÉMA CI-DESSOUS). Elle ne dépend pas des pays producteurs, comme le pétrole. Pour toutes ces raisons, la France recourt au nucléaire pour produire son électricité (VOIR P. 125).

Or en Europe, certains pays ont abandonné ce procédé, surtout pour des raisons de sécurité. La dramatique explosion de la centrale de Tchernobyl (URSS), en 1986, a révélé les risques d'une catastrophe nucléaire (160 000 morts, nombreux cancers ou malformations liés à la radioactivité diffusée au moment de l'accident). Même si les centrales sont désormais très sécurisées, l'inquiétude demeure. De plus, les déchets nucléaires restent dangereux longtemps (un dixième d'entre eux demeure radioactif pendant 100 000 ans). On n'a pas encore trouvé de solution pour s'en débarrasser : on les stocke dans des containers, mais c'est un cadeau empoisonné pour les générations à venir.

LE NUCLÉAIRE FACE AUX AUTRES SOURCES D'ÉNERGIE

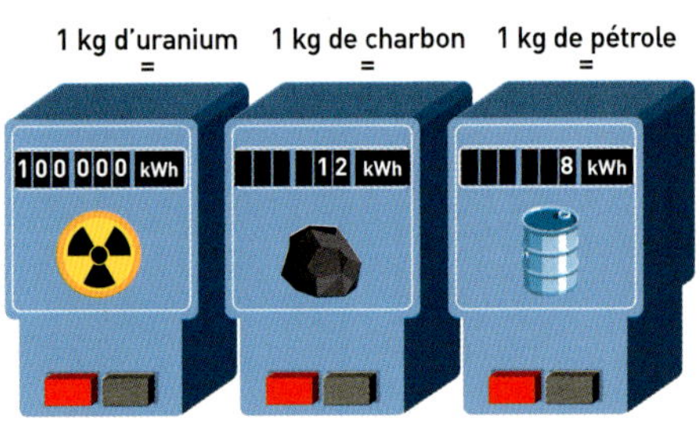

Le kilowattheure (kWh) est l'unité d'énergie électrique.

Et demain ?

Actuellement, ce sont les pays développés qui consomment le plus d'énergie. Mais le développement et l'*urbanisation* des autres pays (VOIR P. 12) créent une demande énergétique toujours plus grande. Les ressources actuelles tendant à s'épuiser, il faut trouver de nouvelles sources d'énergie, renouvelables et surtout non polluantes.

Dans le domaine hydraulique, on réfléchit à des barrages beaucoup plus petits et adaptés à l'environnement. On développe aussi les usines marémotrices, qui utilisent les courants marins et le mouvement des marées. Énergie renouvelable, propre et peu coûteuse, l'énergie éolienne ne peut cependant que servir d'appoint, car elle est tributaire des vents. Avec la construction de piles « photovoltaïques », l'énergie solaire fournit de la lumière, de la chaleur

Les réserves d'énergies fossiles

et de l'électricité ! La géothermie, qui exploite la chaleur de la Terre, peut aussi apporter l'énergie nécessaire au chauffage et à l'électricité.

L'hydrogène, utilisé dans des piles à combustible (PAC), devrait devenir la source d'électricité la plus intéressante pour la vie quotidienne, notamment pour des transports garantis non polluants. Et on développe l'usage des biocarburants, gaz provenant de produits végétaux ou de déchets organiques. Ainsi, au Brésil, de plus en plus de voitures roulent à l'éthanol, produit élaboré à partir de la canne à sucre !
(VOIR P. 130)

AGIR CONTRE LE GASPILLAGE

L'énergie est précieuse. Il faut savoir l'économiser : éteindre l'électricité quand on n'en a pas besoin, choisir les programmes « économie d'énergie » sur les appareils ménagers, régler le chauffage…

zoom Le choix du gaz naturel

Le gaz naturel, beaucoup moins polluant que le pétrole et le charbon, représente une solution énergétique, en attendant l'avenir.

Le gaz est la plus propre des énergies fossiles et la plus respectueuse de l'environnement. Le transport et la distribution s'effectuent par des canalisations souterraines, étanches et résistantes. Celles-ci sont surveillées en permanence par des véhicules « renifleurs » qui détectent la moindre fuite. La combustion du gaz naturel ne génère ni poussière, ni suie. Elle émet peu de gaz carbonique, responsable de l'*effet de serre*, et peu d'oxyde d'azote et de dioxyde de soufre, responsables des pluies acides.

Pour le XXIe siècle, le gaz naturel apparaît donc comme une bonne solution. Pourtant, les réserves ne sont pas inépuisables et doivent être utilisées avec sagesse. Certaines entreprises, comme Gaz de France, proposent des solutions pour consommer moins mais mieux le gaz naturel et le coupler à des énergies renouvelables, comme l'énergie solaire : ainsi, on préserve la ressource et on lutte contre l'effet de serre.

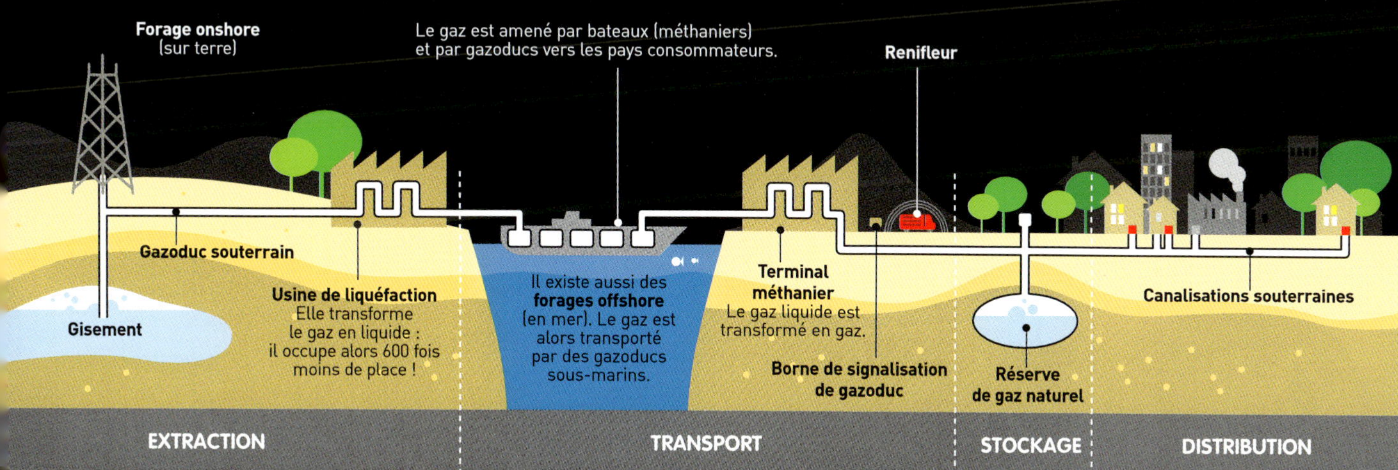

La prévention des catastrophes naturelles

Cyclones, séismes, tsunamis, sécheresse ou inondations : depuis dix ans, la Terre a subi plus de 3 500 catastrophes naturelles, touchant près de 3 milliards de personnes...

Les colères de la Terre

Chaque année, une cinquantaine de volcans entrent en éruption et la Terre est ébranlée en permanence par des secousses sismiques. Certaines causent parfois des raz-de-marée (tsunamis, en japonais). Les séismes ne provoquent pas toujours des catastrophes, mais s'ils sont violents et qu'ils touchent une ville ou une région très peuplée, c'est la tragédie, qui se chiffre en milliers de morts.

Certains phénomènes climatiques sont redoutables. Les cyclones arrachent tout sur leur passage et génèrent des torrents de boue : au Nicaragua et au Honduras en 1998, 24 000 personnes sont mortes sous des tonnes de boue. Les inondations et les sécheresses peuvent être meurtrières. En 2003, la canicule a tué 30 000 personnes en Europe occidentale et, en 2004, les deux tiers du Bangladesh se sont retrouvés sous l'eau entre juin et septembre. Les experts estiment que les changements climatiques, liés au renforcement de l'*effet de serre*, provoquent une augmentation des dangers naturels (VOIR P. 122). Certes, l'homme ne sera jamais maître des colères de la nature, mais il peut en limiter les conséquences grâce au respect des équilibres naturels et à la prévention.

Les moyens de prévention

Les trois piliers de la prévention sont la mise en place de systèmes d'alerte, l'éducation des populations et l'adaptation des constructions. Car ce ne sont pas les séismes qui tuent, mais les bâtiments. En décembre 2003, le tremblement de terre de Bam, en Iran, a fait 27 000 morts. Celui de San Simeon (Californie), de même magnitude, n'avait fait que 2 morts, quatre jours plus tôt. Pourquoi ? Parce que les constructions californiennes sont adaptées aux risques sismiques.

Le Japon, situé dans une zone à haut risque, est un champion en matière de prévention. Son système d'alerte est le plus perfectionné du monde : des sismomètres enregistrent en permanence les vibrations du sol, des stations climatologiques analysent les données sur les vents, les mouvements de la mer, les pluies. La population est informée et entraînée à bien réagir en cas

Les plus graves catastrophes naturelles depuis trente ans

- **1974-1975** Sécheresse au **Sahel** 325 000 morts
- **1976** Séisme en **Chine** 242 000 morts
- **1984** Sécheresse en **Éthiopie** et au **Soudan** 450 000 morts
- **1985** Sécheresse au **Mozambique** 100 000 morts
- **1990** Séisme en **Iran** 40 000 morts
- **1991** Cyclone au **Bangladesh** 140 000 morts
- **1999** Inondations au **Venezuela** 30 000 morts
- **2004** Tsunami en **Asie du Sud-Est** 176 000 morts

d'alerte. Enfin, les normes parasismiques de construction sont appliquées : les fondations bougent sans casser, les canalisations sont souples et ne risquent pas, en crevant, de provoquer inondations (eau) et incendies (gaz).

Les États-Unis, l'Australie, le Japon, le Mexique, la Turquie, l'Iran, la Chine et l'Asie du Sud sont les régions les plus menacées par les catastrophes naturelles (climatiques ou sismiques). Mais, parmi ces pays, ce sont les plus pauvres qui comptent le plus de victimes. Leur système d'alerte est insuffisant, les populations ne sont pas formées aux risques et les normes de construction pas respectées.

❶ La population est évacuée lors de l'éruption du Pinatubo (Philippines, 1991). ❷ Un terrible tsunami ravage la province d'Aceh (Indonésie, 2004). ❸ La sécheresse s'abat sur l'Éthiopie, il s'ensuit une terrible famine (2000). ❹ Une femme crie devant sa maison dévastée par un tremblement de terre, à Bam (Iran, 2003).

Une question mondiale

Il suffirait de consacrer un dixième de l'aide humanitaire dans le monde à la prévention pour éviter qu'il y ait tant de victimes dans les *pays en développement*. Les représentants de tous les pays du monde, réunis à Kobé en janvier 2005 pour la Conférence sur les catastrophes naturelles organisée par l'Onu, ont adopté un plan d'aide à la prévention, incluant un système d'alerte mondial auquel tous les pays seraient connectés. L'expérience du tsunami, survenu trois semaines auparavant, a rappelé à tous que, dans ce domaine aussi, il était urgent de partager.

Lors des dernières catastrophes naturelles, un élan de solidarité sans précédent s'est déclenché dans le monde entier. Les organisations internationales, les *ONG* ont aussitôt envoyé des secours d'urgence. De l'argent public a été débloqué et surtout, les *citoyens* des pays riches ont fait des dons très importants. Mais une fois l'aide d'urgence assurée et l'émotion passée, il faut penser à l'avenir. La plupart des *pays développés* promettent des sommes importantes pour la reconstruction ou les aménagements nécessaires pour éviter de nouvelles catastrophes. Dans le cas du tsunami de décembre 2004, les nations riches se sont mises d'accord pour réduire sensiblement la *dette* (VOIR P. 96) des pays touchés par le raz-de-marée. Cependant, ces promesses ne sont pas toujours tenues et, quand l'argent est versé, il faut veiller à ce qu'il soit bien utilisé ! Ainsi, en Turquie, après les séismes de 1999, une partie de l'aide publique internationale avait été détournée par des ministres corrompus.

Le développement durable

Longtemps, les hommes ont puisé sans compter dans les **ressources** de la planète. Mais depuis une trentaine d'années, scientifiques et écologistes tirent le signal d'alarme. **Surconsommation** et **gaspillage de l'énergie**, **pollutions** peut-être irréversibles, **inégalités** entre riches et pauvres : le modèle de développement des pays riches se révèle **dangereux pour l'avenir de la Terre**. Les hommes du début du XXIe siècle laisseront-ils à leurs descendants un monde pollué, dont les habitants se battront pour des ressources devenues trop rares ? Un monde où la loi du plus fort s'exercera au mépris des droits de l'homme ? Garantir un développement durable, c'est une question écologique et économique, mais aussi politique et sociale.

Les Sommets de la Terre

Ils se tiennent tous les dix ans à l'initiative de l'Onu et définissent un programme d'action pour la décennie à venir. Le **Sommet de Rio**, en 1992, a porté sur les changements climatiques, la protection de la biodiversité et l'élimination des produits toxiques dangereux.

Celui de **Johannesburg**, en 2002, a proposé de construire ensemble un développement durable. Depuis, partout dans le monde, on cherche des solutions qui tout à la fois assurent le développement et préservent l'avenir.

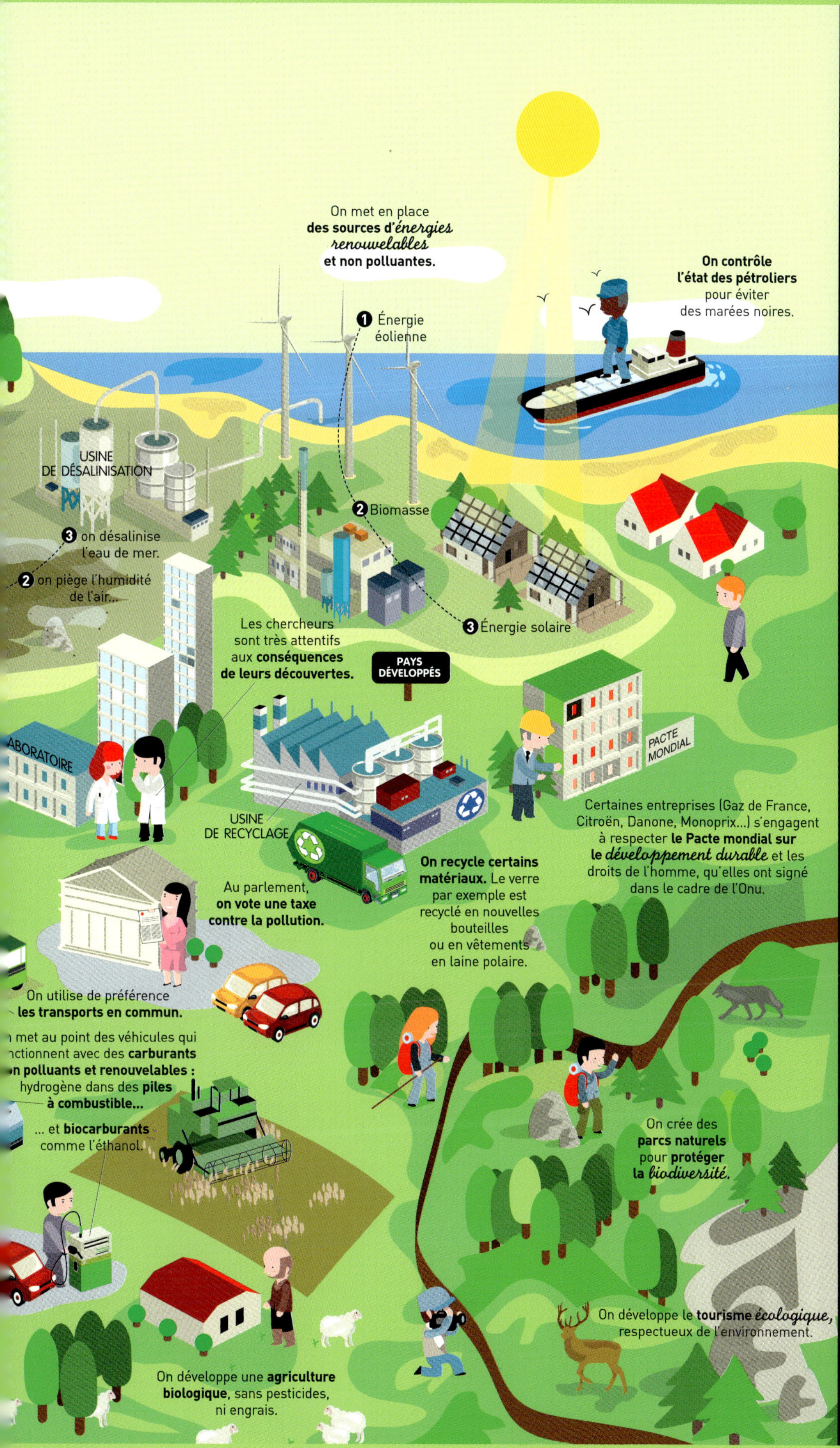

LES ACTEURS DU DÉVELOPPEMENT DURABLE

L'Onu coordonne des actions de développement durable.

Les ONG travaillent à des projets de développement durable.

Les entreprises font en sorte de respecter l'environnement, en réduisant au maximum les pollutions et la destruction des ***écosystèmes*** et en assumant le coût d'élimination des déchets.

Les hommes politiques font payer des taxes aux entreprises polluantes, promeuvent des technologies respectueuses de l'environnement, tiennent leurs promesses d'aide au développement...

Les experts étudient des projets de développement qui ne mettent pas en danger les équilibres de la planète.

Les enseignants forment leurs élèves à devenir des « citoyens du monde », soucieux de l'avenir de la planète.

Les *citoyens* évitent de polluer et de gaspiller, ils se tiennent informés et participent à la vie sociale et politique.

Éducation

Patrimoine culturel

6.

Transmission

Télévision

Affirmer la diversité culturelle

Traditions culturelles

Musique

La culture, c'est bien sûr la musique, la littérature, le cinéma, le théâtre, la danse... Tout ce que les hommes ont depuis toujours inventé pour embellir la vie. Mais c'est aussi la ***façon de vivre,*** la langue que l'on parle, la manière de s'habiller... Et rien n'est plus intéressant que de découvrir d'autres cultures. Aujourd'hui, avec les nouveaux ***moyens de communication,*** la culture devient ***mondialisée.*** Faut-il pour autant qu'elle soit la même partout ? On risquerait alors de voir disparaître des ***trésors culturels :*** ceux du passé, mais aussi ceux que chaque région du monde pourrait inventer dans l'avenir…

L'école, un enjeu essentiel

Parmi les droits fondamentaux de chaque être humain figure le droit à l'éducation. Mais dans ce domaine aussi, il existe de fortes inégalités à travers le monde.

Apprendre pour construire l'avenir

Les objectifs du Millénaire de l'Onu (VOIR P. 104) prévoient pour 2015 l'enseignement primaire universel, la réduction de moitié du nombre des adultes ***analphabètes*** et la ***parité*** éducative entre filles et garçons. On en est encore loin ! Dans le monde, plus de 100 millions d'enfants d'âge scolaire ne vont pas à l'école, dont 45 millions en Afrique. Et un adulte sur cinq ne sait ni lire ni écrire. Or la formation des jeunes est indispensable pour construire le monde de demain.

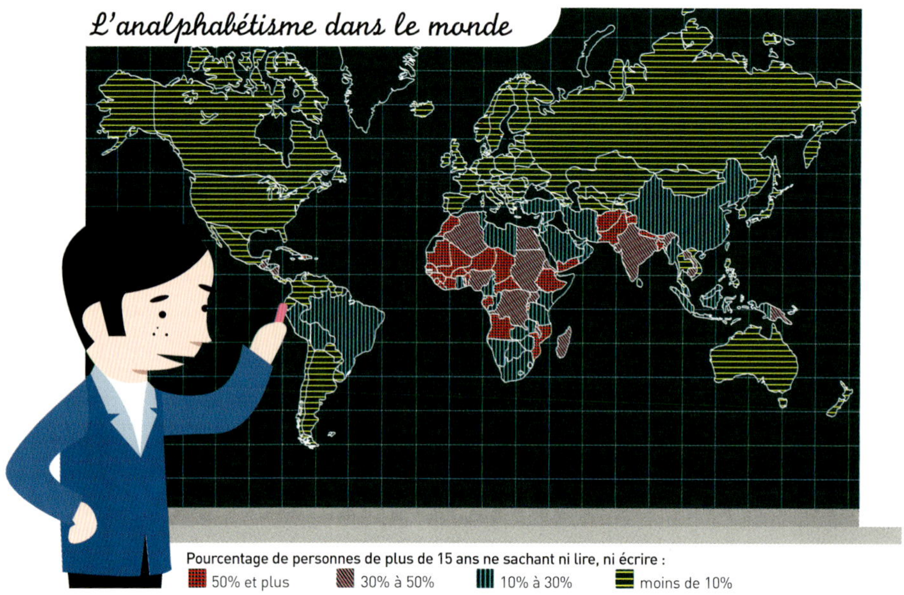

C'est à l'école qu'on acquiert les connaissances indispensables pour exercer un bon métier. C'est à l'école, en étudiant l'histoire, la géographie et l'économie de son pays et d'autres pays du monde, en réfléchissant sur la politique, que l'on apprend à devenir ***citoyen.*** L'école donne des informations importantes pour la santé (vaccins nécessaires, médicaments efficaces, produits dangereux, pollution de l'eau...). Elle enseigne à respecter l'environnement et à connaître le patrimoine culturel. Dans tous les domaines, l'éducation est un atout pour mieux vivre et vivre libre.

La pauvreté, un frein à l'éducation

C'est dans les pays du Sud que l'on trouve le plus d'analphabètes (VOIR CARTE CI-DESSUS) et qu'il y a le plus d'enfants non scolarisés, à cause de la pauvreté et du retard de développement. L'épidémie du ***sida*** a aussi de graves conséquences sur l'éducation, surtout en Afrique : beaucoup d'enseignants en sont morts, et de nombreux enfants, ayant perdu leurs parents, sont obligés de travailler et de s'occuper

Scolarisation
Sur 100 enfants de 6 à 14 ans, 97 vont à l'école dans les pays développés ; **74** en Asie du Sud-Est ; **59** en Afrique.

En 2004, ***l'aide internationale à l'éducation*** était de **1, 5 milliard de dollars / an.** Pour atteindre les objectifs du Millénaire, il faudrait qu'elle soit de **5, 6 milliards / an.**

de leurs petits frères et sœurs ; ils ne peuvent pas aller à l'école. Enfin, dans certains pays, les conflits empêchent les enfants de suivre une scolarité normale (VOIR P. 80).

Ainsi, dans les pays pauvres se met en place un cycle infernal : l'éducation, indispensable au développement, ne peut être assurée, faute de développement ! Seul moyen de réduire ces inégalités : l'aide internationale. L'Unesco et l'Unicef ont lancé des programmes éducatifs, des *ONG* ont fait appel à la *solidarité* internationale pour ouvrir des écoles, former des enseignants. Ces initiatives commencent à porter leurs fruits, mais les aides ne sont pas toujours à la hauteur des promesses.

info

DES MOYENS INSUFFISANTS

Souvent, dans les *pays en développement*, les enseignants ne sont pas assez formés. Au Togo, par exemple, seulement deux professeurs sur cent ont dépassé le niveau de la troisième ! Dans beaucoup de pays, les classes sont surchargées : en Sierra Leone, certaines classes primaires comptent 80 élèves ! Parfois, les enfants ne vont à l'école que le matin ou que l'après-midi, car tous ne peuvent pas y aller ensemble : il n'y a pas assez de salles, pas assez d'enseignants. Et les écoles ne sont pas équipées : on manque de livres, de cahiers, de crayons...

Une classe de CP, dans une école primaire du Nord-Cameroun.

L'éducation des filles

De plus en plus de filles vont à l'école et l'objectif de parité a des chances d'être atteint : il y a, dans le monde, presque autant de filles scolarisées que de garçons. Cependant, selon les régions, on constate de fortes inégalités. Au Proche-Orient, en Afrique et en Asie du Sud, on a pris beaucoup de retard dans la scolarisation des filles, pour des raisons culturelles (on considère que les filles n'ont pas besoin d'aller à l'école) ou économiques (elles restent à la maison pour aider aux travaux ménagers ou agricoles). Et pourtant, les filles ont un rôle essentiel à jouer dans la transmission des savoirs. Les femmes qui ont été scolarisées font moins d'enfants, s'en occupent mieux, prennent plus soin de leur santé et envoient à leur tour leurs enfants à l'école, car elles ont compris les avantages que cela pouvait apporter.

DANS UN VILLAGE DE BOLIVIE...

Les médias

Jamais les moyens de communiquer et de s'informer n'ont été aussi nombreux et divers, mais les relations entre les médias et le pouvoir politique ou économique sont parfois un peu ambiguës.

Quel rôle pour les médias ?

Le mot « média » vient du latin *medium* (« ce qui est au milieu », « intermédiaire »). Les médias établissent un lien entre le public (lecteurs, auditeurs, téléspectateurs) et le reste du monde. Internet, à travers les chats et les blogs, crée en outre des liens entre les usagers.

Les médias ont différentes fonctions : informer sur l'actualité, transmettre des connaissances dans le domaine des sciences, donner accès à une culture littéraire ou artistique, créer des débats d'idées politiques, économiques ou religieuses. Ils sont aussi – surtout les médias audiovisuels – des moyens de se distraire. Toutes ces fonctions ont leur intérêt, mais il convient qu'elles soient bien distinctes : le mélange de politique et de variétés par exemple provoque la confusion dans les esprits.

Bon nombre de médias sont financés par la publicité. Plus ils ont d'audience, plus ils peuvent faire payer cher les annonces publicitaires. Ils sont donc souvent conduits, notamment les chaînes de télévision, à privilégier la fonction « divertissement » pour toucher le plus large public (VOIR CI-CONTRE).

Médias et pouvoir

La presse écrite et audiovisuelle est un moyen de parler du pouvoir politique, d'en dénoncer les éventuels abus et de faire entendre les voix de l'opposition. C'est pourquoi les ***dictatures*** contrôlent les médias et s'attaquent aux journalistes qui défendent la liberté d'expression (VOIR P. 50). La ***démocratie*** exige au contraire qu'ils soient indépendants du pouvoir politique, si bien qu'à côté des trois pouvoirs (VOIR P. 43), les médias sont considérés comme un « quatrième pouvoir ».

Dans les pays démocratiques, les médias sont très diversifiés, mais la plupart d'entre eux appartiennent à de grands groupes ***industriels*** et financiers. Ainsi, certaines ***multinationales*** possèdent des journaux, des chaînes de télévision, des sites Internet. On peut craindre qu'ils n'utilisent ces médias pour défendre leurs intérêts et faire la publicité de leurs produits plutôt que pour développer l'esprit critique et contribuer au débat démocratique.

Internet dans le monde

Il y a environ **380 millions** d'internautes dans le monde : plus de **6 %** de la population mondiale.

L'accès à Internet est très inégal sur la planète : sur **1 000 internautes**, **700** sont en **Amérique du Nord** ou en **Europe occidentale**, **200** en **Asie**, **40** en **Amérique du Sud**, **40** en **Europe de l'Est**, **14** au **Proche-Orient** et **6** seulement en **Afrique** (surtout en Afrique du Sud).

zoom

La télévision

La télévision a une place centrale dans les sociétés modernes, du moins dans les pays développés, où elle est très répandue. Elle est regardée chaque jour par des millions de personnes !

Dans sa grande majorité, le public pense que « passer à la télé » est le signe qu'on est quelqu'un d'important. D'où le succès des émissions de **télé-réalité**, qui donnent l'illusion que l'on peut devenir célèbre sans efforts ni dons particuliers. Conscients de **l'impact de la télévision,** les hommes politiques n'hésitent pas à utiliser ce média pour se faire connaître et apprécier du public, et les entreprises y recourent dès que possible pour diffuser des messages publicitaires vantant leurs produits : happés par l'image, les téléspectateurs sont particulièrement réceptifs à la publicité.

Or c'est la pub qui fait vivre les chaînes de télévision. C'est pourquoi leurs grilles de programmes (le contenu et l'horaire des émissions) dépendent tellement de **l'audimat** (le nombre de téléspectateurs qui regardent chaque émission) : plus il est fort, plus ceux qui veulent passer une pub (les annonceurs) sont prêts à la payer cher. D'où le danger qu'il n'y ait plus, aux heures de grande écoute (*prime time*), que des émissions faciles, dont on est sûr qu'elles rassembleront un maximum de spectateurs. Les gens, souvent fatigués par une journée de travail, auront tendance à regarder une émission de divertissement médiocre plutôt qu'un bon documentaire sur une question scientifique ou historique.

Le directeur d'une chaîne de télé française a dit un jour que son rôle était de « vendre du temps de cerveau humain disponible » aux annonceurs. Une véritable insulte aux téléspectateurs ! Même si bon nombre d'entre eux attendent de la télé un divertissement, cela ne doit pas être au prix d'un « abrutissement ».

AUDIMAT ET PUBLICITÉ

Plus une émission a du succès, et plus les publicités qui passent avant ou après sont chères.

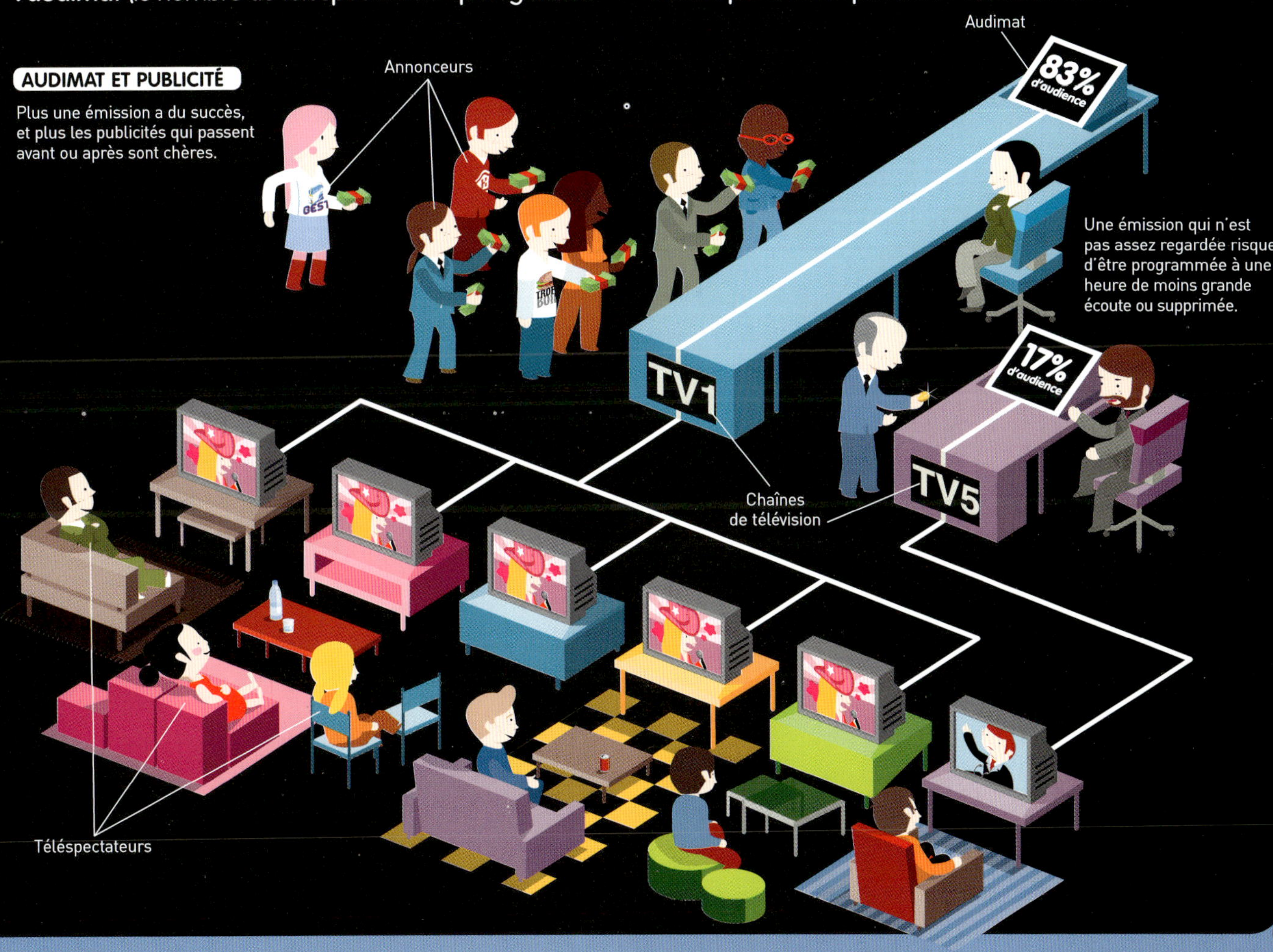

Traditions culturelles et mondialisation

Il existe des cultures très différentes à travers le monde. Cette diversité est une richesse pour tous et les moyens de communication modernes favorisent les rencontres et les partages.

La transmission culturelle

La culture est faite de traditions : chaque génération transmet à la génération suivante ce qu'elle-même a reçu de celles qui l'ont précédée. Mais d'une génération à l'autre, beaucoup de choses peuvent changer. Certaines personnes, élevées dans une culture donnée, peuvent vivre ensuite dans une toute autre culture.

Imaginons une famille paysanne chinoise qui aurait émigré dans une grande ville américaine. Les enfants vont baigner dans une culture urbaine et anglophone, différente de celle qu'ont connue leurs parents dans leur enfance, et les générations antérieures. Ils vont hériter de la culture familiale, mais ils vont y ajouter des éléments nouveaux comme la langue anglo-américaine, la pratique du base-ball et les hamburgers !

À l'intérieur même d'un pays, les progrès techniques vont si vite que les modes de vie, et donc la culture, changent radicalement d'une génération à l'autre. La plupart des enfants, surtout dans les *pays développés*, vivent dans une culture qui ne leur vient plus seulement de la famille, mais est fortement influencée par les médias (VOIR P. 136) et la publicité.

Une culture mondialisée

Aujourd'hui, il y a une forme de culture mondialisée, liée à la circulation des hommes et des marchandises d'un bout à l'autre de la planète (VOIR P. 30). Cette culture est urbaine (bientôt deux habitants de la Terre sur trois vivront en ville), elle a recours à la technologie et

TRANSMISSION CULTURELLE AU SEIN D'UNE FAMILLE CHINOISE ÉMIGRÉE AUX ÉTATS-UNIS

1re génération. De pauvres paysans chinois décident d'émigrer aux États-Unis.

Dans le quartier chinois de San Francisco, l'homme a trouvé du travail sur un chantier. La famille vit à la manière chinoise et parle chinois.

laundry = blanchisserie

2e génération. Le quartier chinois s'américanise. La famille a ouvert une blanchisserie. Le fils y travaille avec sa femme. Ils se débrouillent en anglais.

est basée sur la *consommation de masse*. Inspirée du modèle américain, elle s'appuie sur des moyens économiques puissants et sur la publicité.

En imposant un mode de vie standardisé, ne va-t-elle pas faire disparaître la diversité culturelle qui fait la richesse de l'humanité ? Tous les habitants du monde vont-ils s'habiller en jeans, avec des Nike aux pieds, manger dans les Mc Do's en écoutant la même musique techno, en regardant les mêmes sitcoms à la télévision ? Il y a peu de chance ! Les humains sont trop différents et ont trop d'imagination pour cela ! En fait, on en est encore loin, car cela supposerait pour tous un niveau de vie dont beaucoup sont privés : 62 % de la population mondiale n'a jamais utilisé un téléphone et 40 % n'a pas l'électricité !

info +

CULTURE ET DIVERTISSEMENT

De tout temps, une part de la culture humaine a été consacrée au simple divertissement. Il faut bien se distraire et s'amuser… Mais certaines formes de culture commerciale ne visent qu'à cela (VOIR P. 137). On peut alors craindre que les gens – les jeunes notamment – refusent une culture plus exigeante : écouter et jouer de la musique classique ou du jazz, lire de la littérature, aller au théâtre ou visiter les musées… La détente, c'est bien, mais cela n'apporte jamais la même satisfaction que le contact avec des œuvres de qualité. Découvrir des chefs-d'œuvre, même si cela demande un effort, c'est toujours plus intéressant que de simplement consommer !

L'universel et le particulier

En signant la Charte de l'Onu, de nombreux pays ont adopté des valeurs universelles comme les *droits de l'homme*, le droit à l'éducation pour tous. Or il faut reconnaître que certaines traditions culturelles sont contraires à ces valeurs (VOIR P. 52). C'est le cas du travail des enfants, de l'esclavage et de la place de la femme dans certains pays, où on ne leur reconnaît pas les mêmes droits qu'aux hommes (VOIR P. 54). Certains *émigrés*, au nom des traditions de leur pays d'origine, n'acceptent pas les règles de vie de leur pays d'accueil. Ainsi, ils pratiquent la polygamie (ils ont plusieurs femmes) alors qu'elle y est interdite.

On fait fausse route quand on pense que, pour résister à l'uniformisation de la culture, il faut défendre à tout prix les modes de vie traditionnels. En revanche, pour permettre à certaines cultures de continuer à s'épanouir, on doit préserver et développer les différentes langues, respecter et faire connaître les croyances des autres, favoriser la création artistique dans les différentes traditions. On doit aussi protéger les œuvres d'art et les monuments du >>>

Les enfants vont à l'école et parlent anglais. Les parents et les grands-parents continuent à parler chinois entre eux. On mange des plats chinois avec des baguettes les jours de fête.

3e génération. La famille a quitté le quartier chinois, elle est devenue typiquement américaine. Elle a pratiquement oublié la langue chinoise…

Mais les jours de fête, on se retrouve dans les restaurants du quartier chinois, toutes générations confondues, pour manger de la cuisine chinoise. Et tout le monde participe au défilé du Nouvel An !

passé qui, issus de cultures différentes, témoignent du génie de l'humanité (VOIR ci-DESSOUS).

La diversité culturelle

Depuis toujours, les cultures se sont nourries d'échanges et de contacts avec les autres cultures, chacune choisissant ce qui lui convient et qu'elle développe à sa manière. Ainsi, le cinéma a vu le jour en France avec les frères Lumière en 1900. Un siècle plus tard, on fait des films sur tous les continents, et ces films américains, africains, asiatiques, etc. s'inscrivent dans des traditions différentes.

De même, le football, inventé en Angleterre, a été adopté dans le monde entier. Les règles sont les mêmes partout, mais on ne joue pas au foot et on ne regarde pas un match de la même façon au Brésil, en Italie ou en Côte d'Ivoire !

zoom Le patrimoine culturel mondial

Le patrimoine culturel, c'est la part des œuvres du passé dont nous héritons et que nous transmettrons aux générations futures.

Dans la plupart des pays, on a créé des **musées** pour conserver des œuvres d'art d'hier et d'aujourd'hui (peintures, sculptures...), les présenter au public du monde entier et les transmettre au public de demain. Des organismes internationaux, dont l'**Unesco**, aident les musées à protéger ce patrimoine artistique. Ils surveillent aussi les trafics d'œuvres d'art provenant de vols ou de pillages et soutiennent les *pays en développement* qui veulent récupérer leur patrimoine culturel dispersé dans les anciennes *colonies*. L'Unesco s'occupe aussi d'enregistrer et de faire connaître toutes les **musiques** du monde et de recueillir la **littérature orale** (contes, légendes, poèmes), en voie de disparition.

Des monuments et des sites de toutes les époques et provenant de cultures très diverses, sont reconnus par tous comme des **témoignages remarquables de l'histoire et de la création artistique humaines :** les pyramides d'Égypte, l'Acropole d'Athènes, la grande Muraille de Chine, les temples d'Angkor, le château de Versailles, le Taj Mahal, Brasilia... Le camp d'Auschwitz est inscrit au Patrimoine mondial au nom du devoir de mémoire : il rappelle à tous l'extermination de millions de Juifs par les nazis. Ce patrimoine exceptionnel appartient à l'humanité tout entière. En 2005, il comprend **634 sites dans 134 pays.** Chaque année, la liste en est complétée. L'Unesco prend en charge son entretien et sa restauration (par exemple, la restauration des bouddhas de Bamiyan, détruits par les talibans en 2001).

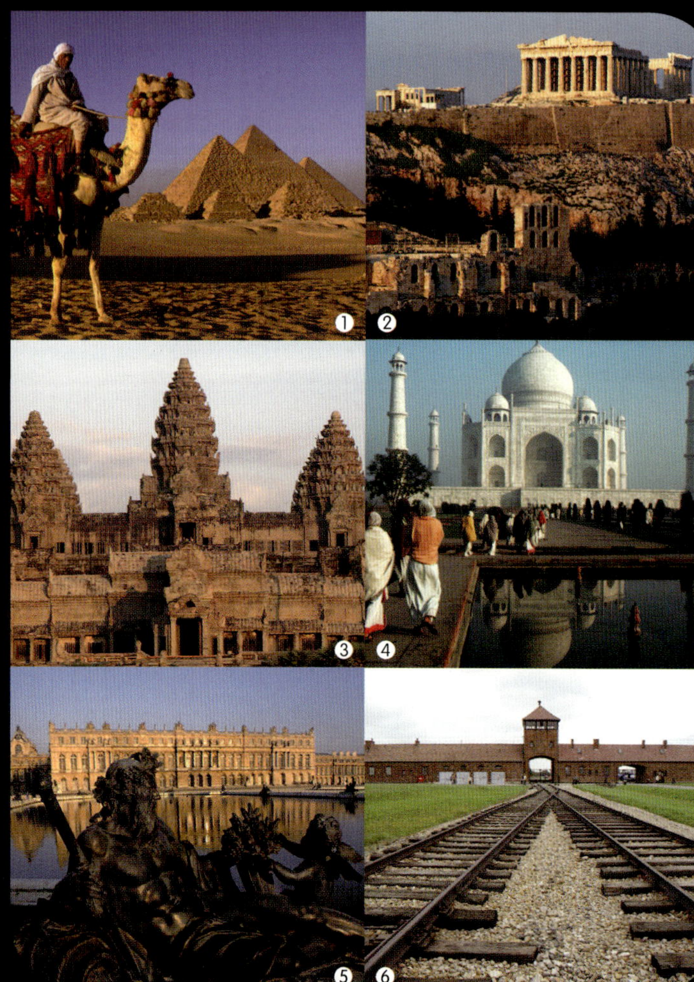

❶ Pyramides de Gizeh (Égypte, vers 2600 av. J.-C.) ❷ Acropole d'Athènes (Grèce, Ve s. av. J.-C ❸ Temple d'Angkor (Cambodge, XIIe s.) ❹ Taj Mahal (Inde, XVIIe s.) ❺ Château de Versaille (France, XVIIe s.) ❻ Camp d'extermination d'Auschwitz (Pologne, 1940)

a

b

c

d

e

>>>

q

r

s

t

u

v

z

Crédits photographiques

Couverture Chad Ehlers / Stone / Getty Images

Intérieur 10 Mark Henley / Cosmos ; **15** Archives Nathan ; **19** Patrick Piel / Gamma / HPP (repris p. 6) ; **20** Qilai Shen / Sinopix-REA (repris p. 6) ; **26** Mark Henley / Cosmos ; **28 ht** Ph. BASF © Archives Nathan ; **28 bas** Alfred / Sipa ; **29 ht** Ph. Michel Didier © Archives Larbor ; **29 bas** Steve McCurry / Magnum ; **40** Christian Hartmann / Sipa ; **41 (de gauche à droite et de haut en bas)** akg-Images ; Bettmann / Corbis ; AFP ; akg-images ; Ian Berry / Magnum ; Noel Quidu / Gamma / HPP ; Alexander Joe / AFP ; **42** Pierre Gleizes / REA (repris p. 34) ; **44** Christian Bellavia / Editingserver.com ; **45 (de gauche à droite et de haut en bas)** Eli Reed / Magnum ; Bob Daemmrich / Corbis Sygma ; Steve Liss / Corbis Sygma ; Patrick Robert / Corbis ; **48** AFP ; **51** Paulo Fridman / Corbis ; **52** Faleh Kheiber / Reuters / MAXPPP ; **53** Carlos Guevara / Reuters / MAXPPP ; **54** Barbara Davidson / Dallas Morning News / Corbis (repris p. 34) ; **61 g** James Veysey / Camera Press / Gamma /HPP ; **61 d** Heidi Levine / Sipa ; **67 ht** Thomas Grabka / LAIF-REA ; **67 bas** Goddyn / Sipa ; **71** Reporters / REA (repris p. 64) ; **72 g** Ismael Mohamad / UPI / Gamma / HPP ; **72 d** Mike Stewart / Corbis Sygma ; **78 n° 3** Eric Dessons / JDD / Gamma / HPP ; **78 n° 4** Peter Turnley / Corbis ; **79 n° 9** Turesson / Pressens Bild / Gamma / HPP ; **79 n° 12** Yves Gellie / Gamma / HPP ; **79 n° 13** Emmanuel Dunand / AFP ; **79 n° 14** Oriana Elicabe / AFP ; **82** Aral / Sipa ; **83** Peter McKenzie / Panapress / MAXPPP (repris p. 64) ; **84 ht g** Simon Maina / AFP ; **84 ht d** Facelly / Sipa ; **84 bas g** AFP ; **84 bas m** Henny Ray Abrams / Reuters / MAXPPP ; **84 bas d** STR / Reuters / MAXPPP ; **85** Sipa ; **86 ht** Bettmann / Corbis ; **86 bas** Benoit Doppagne / AFP ; **94** Coll. Archives Larbor-DR ; **96** Gideon Mendel / Corbis ; **97 ht** Gideon Mendel / Corbis (repris p. 88) ; **97 bas** Ian Murphy / Stone / Getty Images ; **100** Associated Press ; **101** Kim Kyung-Hoon / Reuters / MAXPPP ; **105 ht** ISIP / Hoa-Qui ; **105 bas** Pascal Deloche / GODONG ; **113** Carl de Keyzer / Magnum (repris p. 88) ; **120** Jez Coulson / Insight-REA ; **124** Florence Durand / Sipa ; **125** Zhou Lixin / Imagechina / MAXPPP (repris p.116) ; **129 n° 1** Philippe Bourseiller / Hoa-Qui ; **129 n° 2** Steve Crisp / Reuters / MAXPPP ; **129 n° 3** Alexandra Boulat / Sipa ; **129 n° 4** Ozel / A.A. / Sipa (repris p. 116) ; **135** Jean-Yves Martin ; **140 n° 1** Goodshoot (repris p. 132) ; **140 n° 2** Kevin Schafer / CORBIS ; **140 n° 3** Keren Su / Taxi / Getty Images ; **140 n° 4** Vince Streano / CORBIS ; **140 n° 5** Rosine Mazin / Photononstop ; **140 n° 6** Philippe Giraud / Good Look / Corbis

Conforme à la loi 49 956 du 16 juillet 1949 sur les publications destinées à la jeunesse.
N° Éditeur : 10135764 - ISBN : 250 655-2
Dépôt légal : septembre 2006
Imprimé en Italie par G. Canale & C. S.p.A. en août 2006